A
BEGINNING GREEK
BOOK

BASED ON THE GOSPEL ACCORDING TO
MARK

Fifth Edition

Extensively Revised

BY

JOHN MERLE RIFE

THE REIFF PRESS
Pittsburgh, Pennsylvania

Printed in the U.S.A.

Στὸν Νικόλαον Γ. Γιαννόπουλον

ἐν φιλίᾳ εἰλικρινεῖ

PREFACE

The object of the present work is to combine three prime desiderata of elementary Greek, namely, that the easiest form of the language be presented first, that the selections for translation be authentic, and that they be from important documents. The Κοινή narratives of the Gospels are easier than epic poetry, or than classical Attic prose. Mark has a minimum of Atticizing and is basic for gospel material. It also has the advantage of being less familiar in translation than the other gospels.

The lessons were developed as part of a program in which the Anabasis is read the third semester. They have served well in this connexion.

The vocabulary, tho largely Marcan, will be found basic for all periods. The more frequently used forms and constructions are introduced earlier. The Greek sentences for translation are taken mostly from Mark, and with as little alteration as possible. A number of sentences from the rest of the New Testament are included, as well as a few from other Κοινή sources, such as the Apostolic Fathers, apocrypha, papyri, and the services of the Orthodox Church. Selections of this kind are decidedly preferable to the artificial inventions of a modern foreign scholar.

Verb forms not given in Appendix iii, do not occur in the New Testament, and are rare in other Greek.

Grateful acknowledgments are due the members of two beginning classes who helped collect vocabulary, forms, and constructions from Mark; to the members of later classes who offered many helpful suggestions while suffering the inconveniences of a textbook in its

v

incomplete stages; to Professor F. W. Gingrich of Albright College, Dr. H. B. Dunkel, of the University of Chicago, the Reverend Gordon W. Brown, Dean of Toronto Baptist Seminary, Professor Edward C. Hobbs of Southern Methodist University, and Professor James Arthur Walther, of Pittsburgh Theological Seminary, for helpful suggestions and criticisms; to Mr. Grant V. McClanahan for preparing the original index; to the late Professor F. A. Jurkat, of Cedarville College, for critical reading of the page proof of the first edition; to Mr. Thomas Murdoch for assistance with the proof of the fourth edition; and finally, to the Macmillan Company for permission to follow the Westcott & Hort text of Mk. 6:9, 22, and 9:38.

In the present edition the spelling of some words has been revised to probable first century usage, instead of that of fourth century copyists.

NEW CONCORD, OHIO
  April 5, 1964

CONTENTS

LESSONS

LESSON I
The Alphabet and its
Theoretical Ancient[1] Pronunciation

LETTER	NAME		SOUND		
A α	ἄλφα	alpha	*a*	in	father
B β	βῆτα	beta	*b*	in	bit
Γ γ	γάμμα	gamma	*g,* or *ng,*[2]	in	gong
Δ δ	δέλτα	delta	*d*	in	do
E ε	ἒ ψιλόν	epsilon	*e*	in	bet
Z ζ	ζῆτα	zeta	*z*	in	zip
H η	ἦτα	eta	*a*	in	care[4]
Θ θ	θῆτα	theta	*th*	in	thin
I ι	ἰῶτα	iota	*i*	in	machine
K κ	κάππα	kappa	*k*	in	skip
Λ λ	λάμβδα	lambda	*l*	in	lit
M μ	μῦ	mu	*m*	in	mit
N ν	νῦ	nu	*n*	in	nit
Ξ ξ	ξῖ	xi	*x*	in	box
O ο	ὂ μικρόν	omicron	*o*	in	mote
Π π	πῖ	pi	*p*	in	spit
P ρ	ῥῶ	rho	*r*	in	throw
Σ σ,ς [3]	σίγμα	sigma	*s*	in	sit
T τ	ταῦ	tau	*t*	in	sting
Υ υ	ὒ ψιλόν	upsilon	*ü*	in	*kühl* (German)
Φ φ	φῖ	phi	*f*	in	fit
X χ	χῖ	chi	*ch*	in	*ach* (German)
Ψ ψ	ψῖ	psi	*ps*	in	tipsy
Ω ω	ὦ μέγα	omega	*o*	in	mode[4]

[1] For modern pronunciation see Appendix i.
[2] For explanation of nasal γ see Appendix ii.3.
[3] Form of sigma used at end of words.
[4] See Vowel Quantity, Appendix ii.12.

PRONUNCIATION OF DIPHTHONGS

αι	as	*ai*	in	*aisle*	αυ	as	*ow*	in	*owl*
ει	as	*ei*	in	*seize*	ευ	as	ε	followed by	ου
οι	as	*oi*	in	*boil*	ηυ	as	η	followed by	ου
υι	as	υ	followed by	ι	ου	as	*ou*	in	*soup*

LESSON II
ARTICLE, DECLENSION AND AGREEMENT

1. Greek has three declensions, corresponding to the first three declensions of Latin. Greek, however, has only five cases, viz., nominative, genitive, dative, accusative, and vocative, the last named usually having the same form as the nominative.

The easiest way to learn the main features of the first and second declensions is to learn the declension of the article, which is as follows:

THE DEFINITE ARTICLE

	Singular			Plural		
	Masc.	Fem.	Neut.	Masc.	Fem.	Neut.
Nominative	ὁ	ἡ	τό	οἱ	αἱ	τά
Genitive	τοῦ	τῆς	τοῦ	τῶν	τῶν	τῶν
Dative	τῷ	τῇ	τῷ	τοῖς	ταῖς	τοῖς
Accusative	τόν	τήν	τό	τούς	τάς	τά

2. Every initial vowel, or diphthong, has a smooth breathing('), or a rough breathing('), written above if it is a small letter, before it if it is a capital. Apparently the rough breathing had, in ancient times, the sound of *h;* while the smooth breathing has no sound.

3. The three accents: acute('), grave(`), and circumflex(^), are all pronounced alike.

4. The masculine and neuter of the article are second declension, and the feminine is first declension.

SYNTAX

The article agrees with the noun it modifies in gender, number, and case, e.g.,

FIRST DECLENSION FEMININE

ἡ ψυχ-ή *the soul, the life* αἱ ψυχ-αί *the souls*
τῆς ψυχ-ῆς *of the soul* τῶν ψυχ-ῶν *of the souls*
τῇ ψυχ-ῇ *(to)for the soul* ταῖς ψυχ-αῖς *for the souls*
τὴν ψυχ-ήν *the soul* τὰς ψυχ-άς *the souls*

SECOND DECL. MASCULINE		SECOND DECL. NEUTER	
ὁ υἱ-ός	οἱ υἱ-οί	τὸ ἱερ-όν	τὰ ἱερ-ά
τοῦ υἱ-οῦ	τῶν υἱ-ῶν	τοῦ ἱερ-οῦ	τῶν ἱερ-ῶν
τῷ υἱ-ῷ	τοῖς υἱ-οῖς	τῷ ἱερ-ῷ	τοῖς ἱερ-οῖς
τὸν υἱ-όν	τοὺς υἱ-ούς	τὸ ἱερ-όν	τὰ ἱερ-ά
Voc. υἱ-έ			

ACCENT

1. The acute accent of the article is changed to grave when the following word has an accent.

2. The vowel of the dative singular, in the first two declensions, has a small iota written under it. This is called *iota subscript*.

3. A breathing occurs only on an initial vowel or diphthong.

4. Breathings and accents are placed on the second member of a diphthong, e.g., οἶκος, οἴκου.

VOCABULARY

ἡ γραφή *the scripture*   ὁ θεός *God*
ἡ ζωή *life*   ὁ υἱός *the son*
ἡ ψυχή *the soul, life*   τὸ ἱερόν *the temple*

PRACTICE

Write out the declension of γραφή, ζωή, θεός, and ἱερόν, each with its article.

LESSON III

Present Indicative Active of Regular Verb

λύω *I am loosening*	λύομεν *we are loosening*
λύεις *you are loosening*	λύετε *you are loosening*
λύει ——— *is loosening*	λύουσι *they are loosening*

(For a complete outline of the verb, see Lesson xliii.)

ACCENT

a. The accent of most verb forms is recessive, i.e., is as near the beginning of the word as possible.

b. The accent of a noun tends to remain on the same syllable in all cases. However, there are numerous exceptions.

c. An acute on the last syllable is changed to a grave when followed by an accented word.

N MOVABLE

A third person plural in -σι takes ν movable, e.g., λύουσιν, when not immediately followed by a consonant in the same sentence.

Ancient copyists often ignored this rule.

SYNTAX

a. In the English sentence *Pilate took Jesus,* how do you know who was taken and who did the taking? The Greek system is entirely different. You tell by the case ending, i.e., ἔλαβεν ὁ Πιλᾶτος τὸν Ἰησοῦν. The one who did it is in the nominative case, and the one to whom it was done is in the accusative. The verb happens to be first, but might be second or last without changing the relationship of the two men. The case-endings are the essential feature.

b. The subject of a finite verb is in the nominative case, e.g., *God is listening,* ὁ θεὸς ἀκούει.

c. The direct object of most transitive verbs is in the accusative, e.g., *I have a son,* ἔχω υἱόν.

4

d. Ἀκούω may take an object in the genitive or accusative.

e. Without the article a noun is indefinite, e.g., θεός, *a god*; ὁ θεός, (*the*) *God*.

f. Possession is usually expressed by the genitive.

VOCABULARY

ἀκούω *I am listening, I hear*	καί *and, also, even*
γράφω *I am writing*	πιστεύω *I believe*
ἔχω, transitive, *I have*; intransitive, *I am*	πῶς *how, that*
	σώζω *I am saving*
	φωνή *voice, sound*

TRANSLATION

1. Πῶς ἀκούετε;[1] 2. Τὴν φωνὴν ἀκούεις. 3. Ὁ θεὸς ἔχει ζωήν. 4. Ἀκούουσιν τῆς φωνῆς. 5. Ἔχει τὸν υἱὸν καὶ ἔχει τὴν ζωήν. 6. Ἔχετε τὰς γραφάς. 7. Τοῦ υἱοῦ ἀκούετε. 8. Ὁ θεὸς τοὺς υἱοὺς σώζει. 9. Ὁ υἱὸς γράφει. 10. Πιστεύομεν καὶ ἔχομεν ζωήν.

1. The son of God. 2. God's son. 3. God's sons. 4. God has sons. 5. The sons have life. 6. The son's life.

LESSON IV
QUANTITY AND ACCENT
QUANTITY

In the classical period of the language some vowels required more time for their pronunciation than others, η and ω were long, while ε and ο were short; α, ι, and υ were sometimes long and sometimes short. All diphthongs were long, except final αι and οι. Vowels with ι subscript are always counted long.

Altho the distinction of vowel length in the spoken language was disappearing by the beginning of the

[1] The Greek question mark is like the English semicolon.

Christian era, it is still observed in writing.

ACCENT

1. A Greek word always has its accent on one of the last three syllables.

(The last syllable is called the *ultima,* the next to the last the *penult,* and the third from the last the *antepenult.*)

2. The grave accent occurs only on the ultima.

3. The circumflex occurs only on the penult or ultima.

4. The acute may occur on any of the last three syllables.

5. The acute can not stand on the antepenult if the ultima is long, e.g., ἄνθρωπος, but ἀνθρώπου.

6. The circumflex can not occur on the penult if the ultima is long, i.e., δοῦλος, but δούλου.

7. A long accented penult must take the circumflex if the ultima is short, e.g., οἶκος.

PRACTICE

Write out the declension of the second declension masculine words οἶκος and κύριος, applying the appropriate rules for accent as given above.

ENCLITICS

8. An enclitic is a word pronounced as a suffix to the preceding word, e.g., ποῦ ἐστιν;

9. If an enclitic of two syllables follows a word with an acute on the penult, it has an accent of its own, e.g., παιδίον ἐστίν.

10. A word with an acute on the antepenult takes a second acute on the ultima when followed by an enclitic, e.g., κύριός ἐστιν.

11. A word with a circumflex on the penult adds an acute on the ultima when followed by an enclitic, e.g., ὁ οἶκός μου, δοῦλός ἐστιν.

12. An enclitic with no word preceding it takes an acute or grave on the ultima, e.g., σοὶ ἡ δόξα.

PROCLITICS

13. Proclitics are words with no accent of their own, and are pronounced as prefixes of the following word, e.g., the masculine and feminine nominatives of the article.

LESSON V

The Verb EIMI

The commonest verb in Greek is εἰμί (*I am*). It is irregular in its forms and defective in its tense system, having only the present, imperfect, and future.

It is the only verb in Mark exhibiting the ancient -μι ending.[1]

The present indicative and imperfect are conjugated as follows:

PRESENT INDICATIVE

εἰμί *I am*	ἐσμέν *we are*
εἶ *you are*	ἐστέ *you are*
ἐστί(ν)[2]— *is*	εἰσί(ν) *they are*

The accent of this verb in the present indicative is enclitic, except in the second person singular.

IMPERFECT

ἤμην *I was*	ἦμεν *we were*
ἦσθα *you were*	ἦτε *you were*
ἦν — *was*	ἦσαν *they were*

[1] The New Testament was written in the Κοινή, or common dialect, the international Greek of the Roman Empire. It is a later development of the Attic dialect, which was the language of Athens in the fifth and fourth centuries B.C. The writings of Aristotle may be taken as the dividing line between the classical Attic and the Κοινή. More people used Κοινή than ever used any other form of Greek.

[2] Verbs of this type may take ν movable in the third singular.

SYNTAX

a. A noun or adjective used as a predicate agrees with the subject in case, e.g., ὁ ἀγρός ἐστιν ὁ κόσμος, *the field is the world;* i.e., since ἀγρός is nominative, κόσμος must be too.

b. The preposition ἐν always takes the dative, e.g., ἐν τῷ ἀγρῷ, *in the field.* See further Appendix iv. § 1.

VOCABULARY

ἀγρός *field,* pl. *estates*
ἀλλά *but, yet*
ἄρτος *bread,* pl. *loaves*
γεωργός *tenant(farmer)*
δοῦλος *slave*
ἐν *in, among, by, while*
κόσμος *world*

λαμβάνω *I am receiving, taking, seizing*
οἶκος *house, home*
οὐκ,οὐχ,οὐ *not*
οὐρανός *sky, heaven*
παιδίον *child*
τόπος *place*

N.B. The negative οὐκ changes its κ to χ before a rough breathing, and drops it before a consonant, e.g., οὐκ ἀναβαίνω, οὐχ ὡς, οὐ λύω.

WORD ORDER

a. Οὐκ precedes the word it negatives, e.g., in the last paragraph above.

b. English has a fixed order for subject, verb, and object, but Greek does not. *The child is writing a letter,* may be translated: τὸ παιδίον γράφει ἐπιστολήν, or τὸ παιδίον ἐπιστολὴν γράφει, or ἐπιστολὴν τὸ παιδίον γράφει, or ἐπιστολὴν γράφει τὸ παιδίον, or γράφει ἐπιστολὴν τὸ παιδίον, or γράφει τὸ παιδίον ἐπιστολήν. In each of the six possible orders the case ending of ἐπιστολήν shows it is the object.

TRANSLATION

1. Λαμβάνει παιδία καὶ ἀγρούς. 2. Ἦν ὁ υἱὸς ἐν τῷ ἀγρῷ. 3. Ὁ ἀγρός ἐστιν ὁ κόσμος. 4. Ἔχετε ἄρτους;

5. Οἱ γεωργοὶ λαμβάνουσι τοὺς δούλους. 6. Ἐν¹ οἴκῳ
ἐστίν. 7. Οὐκ ἔχουσιν τόπον ἐν τῷ οὐρανῷ. 8. Δοῦλοι τοῦ
θεοῦ εἰσιν. 9. Οὐκ εἶ δοῦλος ἀλλὰ υἱός. 10. Ἐν τῷ κόσμῳ
ἦν.

The English-Greek translation should always be done last.

1. The tenant has a house. 2. I am a farmer's son.
3. The slaves are not in the house. 4. I have a house.
5. We are not slaves. 6. The farmer is in the field.
7. You have a place in heaven.

LESSSON VI

IMPERFECT OF THE REGULAR VERB

Unfinished action is represented by the present and
imperfect. The present indicates that the action is go-
ing on, the imperfect that it was going on. Therefore
both of these tenses are in the imperfective aspect.

The imperfect tense prefixes an augment and has
secondary endings.

PRIMARY		SECONDARY	
-ω	-ομεν	-ον	-ομεν
-εις	-ετε	-ες	-ετε
-ει	-ουσι	-ε	-ον

IMPERFECT ACTIVE

ἔλυον *I was loosening*	ἐλύομεν *we were loosening*
ἔλυες *you were loosening*	ἐλύετε *you were loosening*
ἔλυε(ν) -- *was loosening*	ἔλυον *they were loosening*

N.B. The above forms are composed of four ele-
ments, e.g., ἐ-λύ-ο-μεν. The first element is the aug-
ment, the second the imperfective stem, the third the
theme vowel, and the fourth the personal ending.

¹ See Idioms, p. 130.

Note that three of the above forms have o for their theme vowel and three have ε.

Forms without a theme vowel are called *athematic*. Third singulars in ε take ν movable.

SYNTAX

The preposition εἰς always takes the accusative, e.g., εἰς τὸν τόπον, *to the place*.

Expression of motion towards usually requires the accusative, but the dative is the usual case of location.

VOCABULARY

ἄνθρωπος *man(homo)*
βλέπω *see*
εἰς *to, into, for, in*
ἐκβάλλω *put out*
ἐμβαίνω *go in*
καθεύδω *sleep*

κύριος *Lord, sir*
πλοῖον *boat*
σάββατον *Sabbath(Satur-*
 day), dat. pl. irregular
τέκνον *child*

TRANSLATION

1. Βλέπομεν τὸ πλοῖον. 2. Ἐν ταῖς γραφαῖς ζωὴν ἔχετε. 3. Εἰς τὸ πλοῖον ἐμβαίνει. 4. Ἐκβάλλει τοὺς ἀνθρώπους. 5. Ἔβλεπον τὸ πλοῖον. 6. Ἐβλέπομεν τὸ τέκνον. 7. Ἐμβαίνει ὁ Κύριος εἰς τὸ πλοῖον. 8. Ἐκάθευδεν ἐν τῷ πλοίῳ. 9. Κύριός[1] ἐστιν ὁ υἱὸς τοῦ ἀνθρώπου. 10. Κύριός ἐστιν τοῦ σαββάτου. 11. Ἀκούω τὴν φωνὴν τοῦ Κυρίου. 12. Βλέπετε τὰς γραφάς;

If you do not know the words needed in the following exercise, you have not learned the first part of the lesson.

1. You were sleeping in the boat. 2. He was sleeping in the boat. 3. We were sleeping in the boat. 4. He is sleeping in the boat. 5. The men and the children are sleeping in the boats.

[1] Usually in such sentences the subject has the article, while the predicate does not.

LESSON VII
TRANSLITERATION

There are conventional rules for the transliteration of Greek words into English. It is especially important to understand this process in connexion with the spelling and pronunciation of proper names.

The first step is to determine the nominative singular in Greek.

Second, substitute Latin letters for the Greek letters, changing final -ος to -*us,* and final -ον to -*um.* Plurals in -οι and -αι are changed to -*i* and -*ae* respectively.

Third, determine the position of the accent in Latin. Latin accents the penult, if it is long. If the penult is short the accent recedes to the antepenult. A syllable with a short vowel is long if the vowel is followed by two consonants, except sometimes when the first consonant is a stop, and the second *l* or *r*.

Fourth, pronounce the vowels and consonants with their English sounds, but preserve the Latin accent.

In carrying out the second step most equivalents are obvious, but some must be learned, viz.:

ε, η, αι, οι are all represented in English by *e*, except in proper names, where the Latin *ae* and *oe* are usually retained for αι and οι respectively (The English pronunciation of *ae* and *oe* is usually like *ee* in *seen,* but sometimes like *e* in *set,* e.g., *Caesar* and *Phoebe,* but *Caesarea* and *Oedipus.*);

the diphthong ει is represented either by *ei, e,* or *i*;

ευ usually by *eu,* but by *ev* when followed by a vowel, except in artificial words;

-*ία*, final, by *ia,* reduced to *y* in older words;

ου by *u;*

υ by *y;*

ο and ω each by *o;*

II

κ by *c;*
φ by *ph;*
χ by *ch;*
nasal γ by *n;*
ʽ by *h;* (The smooth breathing is ignored.)

initial ρ and initial υ always have the rough breathing (ῥ, ὑ) and are transliterated *rh* and *hy* respectively;

initial ι, when followed by a vowel, is transliterated in proper names by *J*.

After applying the above rules to some of the more common names we find popular usage has carried the changes still further. By the rules Μᾶρκος would be *Marcus*, but popular usage has reduced it to *Mark*. Other examples are as follows:

	TRANSLITERATION	POPULAR USAGE
Ἀνδρέας	Andreas	Andrew
Βαρθολομαῖος	Bartholomaeus	Bartholomew
Ἰάκωβος	Jacobus	Jacob
Ἰωάννης	Joannes	John
Μαρία	Maria	Mary
Ματθαῖος	Matthaeus	Matthew
Παῦλος	Paulus	Paul
Πέτρος	Petrus	Peter
Φίλιππος	Philippus	Philip

N.B. The popular forms have lost the case endings, which of course are meaningless in English.

Some Hebrew names and other nouns have no case endings. However, these are usually accompanied by the article, which shows the case. Some Hebrew names have developed a partial declension.

SYNTAX

Proper names are definite, but do not always take

the article. Mark uses the article with Ἰησοῦς, Πέτρος, and Πιλᾶτος.

Write out the transliteration of the following: ἀναιμία, αἱμοφιλία, κίνημα, Παλαιστίνη, Ἰερουσαλήμ, Ἑλλάς, γεωμετρία, ἀστρονομία, βιολογία, Ἰοῦστος, Δευτερονόμιον, ἔξοδος, ψαλμοί, τηλέγραφον, τηλέφωνον, ὀνοματοποιία, φυσιολογία, φυσικά, γεωλογία, ὀφθαλμία, καρκίνωμα, ἄβυσσος, showing both exact transliteration and popular usage.

LESSON VIII

THE SECOND AORIST INDICATIVE

The only difference in form between the imperfect and second aorist is in their stems, e.g., the imperfect of βάλλω is ἔβαλλον, while the second aorist is ἔβαλον.

The verbs given in this lesson are all second aorist. See page 165.

Only presents and imperfects have double λλ.

Write out the conjugation of βάλλω in the present, imperfect and second aorist tenses of the indicative.

a. The imperfect represents a process, the aorist an event, e.g., ἔβαλλον, *I was putting;* ἔβαλον, *I put.*

b. Only in the indicative mood does the aorist, of itself, indicate time.

c. The prepositions ἐκ and ἀπό always take the genitive. See Appendix iv, §1, for further discussion of this use of the genitive.

d. Neuter plural subjects may take singular verbs.

VOCABULARY

ἀδελφός *brother*

ἀπό, w. gen., *from, away*

δαιμόνιον *evil spirit*

εἶδον *I(they) saw*

εἰσ-, a prefix meaning *into*

ἔλαβον, 2nd aor. of λαμ-
βάνω, *I(they)took, got*

ἐξ-(ἐκ-), a prefix meaning
out of

ἔφαγον *I(they) ate*

ἦλθον *I(they) came*

πάλιν *again*

πετεινόν *bird*

συναγωγή *synagog*

N.B. 1. The form ἐκ is used before consonants, ἐξ before vowels, e.g., ἐξ οὐρανοῦ, ἐκ τοῦ οὐρανοῦ.

N.B. 2. In compound verbs the augment follows the prefix, e.g., ἐκβάλλω, ἐξέβαλλον.

N.B. 3. The suffix αν- in λαμβάνω is a mark of the imperfective aspect(present and imperfect), as is also the nasal infix μ in this word.

TRANSLATION

1. Ἦλθεν Ἰησοῦς ἀπὸ Ναζαρὲτ τῆς Γαλιλαίας.[1] 2. Ἦλθεν ὁ Ἰησοῦς εἰς τὴν Γαλιλαίαν. 3. Εἶδεν Ἰάκωβον τὸν[2] τοῦ Ζεβεδαίου. 4. Ἦλθον εἰς τὰς συναγωγάς. 5. Εἶδεν Λευὶν τὸν τοῦ Ἀλφαίου. 6. Ὁ Δαυὶδ εἰσῆλθεν εἰς τὸν οἶκον τοῦ θεοῦ. 7. Καὶ τοὺς ἄρτους ἔφαγεν. 8. Ἦλθεν τὰ πετεινά. 9. Εἶδεν ὁ Ἰησοῦς τοὺς ἀδελφοὺς ἐν τῷ πλοίῳ. 10. Καὶ εἰσῆλθεν πάλιν εἰς Καφαρναούμ. 11. Ὁ Ἰησοῦς ἐξέβαλεν τὰ δαιμόνια. 12. Ἔλαβεν τοὺς ἄρτους.

1. I came to the boat. 2. They came from the boats. 3. They came out of the boat. 4. They are in the boat. 5. The birds came to the boats.

---

[1] See Lesson ii, Syntax.

[2] The article developed from a pronoun and was sometimes still used as such.

LESSON IX

PERSONAL PRONOUNS

The Κοινή pronoun for the third person is αὐτός. Except for the ς of the masculine nominative singular, the case endings of αὐτός are like those of the article.

The second and first person pronouns are irregular in declension, but resemble one another.

SECOND PERSON

N. σύ *you*   ὑμεῖς *you*
G. σοῦ,σου *your(of)you*   ὑμῶν *your, (of)you*
D. σοί,σοι *(to, for)you*   ὑμῖν *(to, for)you*
A. σέ,σε *you*   ὑμᾶς *you*

FIRST PERSON

N. ἐγώ *I*   ἡμεῖς *we*
G. ἐμοῦ,μου *my, (of) me*   ἡμῶν *our, (of)us*
D. ἐμοί,μοι *(to, for)me*   ἡμῖν *(to, for)us*
A. ἐμέ,με *me*   ἡμᾶς *us*

SYNTAX

a. The nominative of the pronoun is usually omitted. It is used for emphasis.

b. The enclitic forms are the ones generally used in the oblique cases. The accented forms indicate special emphasis.

c. A noun modified by a possessive requires the article in addition if it is to be definite, e.g., *my brother* must be translated ὁ ἀδελφός μου. One of the commonest mistakes of English speaking beginners is to omit the article with possessives.

PRACTICE

Write out the full declension of αὐτός.

VOCABULARY

ἀναβαίνω *go up*

αὐτός,ή,ό *he, she, it, self, same*

διδάσκω *teach*

ἐκ, ἐξ, w. gen., *out of*

θεραπεύω *cure*

ὄχλος *crowd*

παραβολή *comparison*

φέρω,ἤνεγκα *carry, bear*

φεύγω, ἔφυγον *get away, escape*

Three verbs in this vocabulary have increments which occur only in their imperfective stem, viz., ι in ἀναβαίνω, σκ in διδάσκω, and ε in φεύγω.

The imperfective forms may express either continued, repeated, habitual, or attempted action. In Greek sentences 5 and 7 of this lesson, the aspect is repetitive.

TRANSLATION

1. Σὺ εἶ ὁ υἱός μου. 2. Εἶδεν Ἰάκωβον τὸν ἀδελφὸν αὐτοῦ ἐν τῷ πλοίῳ. 3. Καὶ ἦν[1] ἐν τῇ συναγωγῇ αὐτῶν ἄνθρωπος. 4. Ἐξῆλθον ἐκ τῆς συναγωγῆς. 5. Ἔφερον τὰ παιδία. 6. Καὶ δαιμόνια ἐξέβαλεν. 7. Ἐθεράπευεν αὐτούς. 8. Ἐδίδασκεν αὐτοὺς ἐν παραβολαῖς. 9. Ἐξῆλθεν ἐκ τοῦ πλοίου. 10. Ἔφυγον οἱ ἄνθρωποι εἰς τοὺς ἀγρούς. 11. Ἐγώ εἰμι.[2] 12. Βλέπεις τὸν ὄχλον; 13. Τὸ παιδίον καθεύδει. 14. Ἀναβαίνει ὁ Ἰησοῦς εἰς τὸ πλοῖον.

Use unemphatic pronouns in this exercise.

1. You see me. 2. I see you. 3. You saw me. 4. We see them. 5. They saw us. 6. He sees my brother. 7. I see your brothers. 8. We see their brothers. 9. I see the brothers.

[1] Supply, as is frequently desirable, an impersonal subject.
[2] See Idioms, p. 130.

LESSON X

SYNTAX

a. The meaning of each of the following prepositions is determined partly by the case of the word it governs. These differences in meaning are outlined below, and should be thoroly committed to memory.

	WITH GENITIVE	WITH ACCUSATIVE
διά	*thru*	*on account of*
κατά	*against*	*according to*
μετά	*with(accompaniment)*	*after*
περί	*concerning*	*near, around*
ὑπέρ	*for(in behalf of)*	*above*
ὑπό	*by(agency)*	*under*

b. The dative without a preposition, when used of persons, usually means *to* or *for*.

c. The historical present is the use of the present indicative for narration of past events, e.g., *I said to her,* λέγω αὐτῇ. The aspect is aoristic, i.e., reports an event.

Unemphatic objects are often omitted, e.g., *bring him to him,* προσενέγκαι αὐτῷ, the direct object, αὐτόν, being omitted.

PHONETICS

The prepositions διά, κατά, μετά, ἐπί, and ὑπό lose their final vowel when the following word begins with a vowel, e.g., ὑπ᾽ αὐτοῦ. If the following word begins with a rough breathing, the τ of κατά, and μετά becomes θ, and the π of ἐπί and ὑπό becomes φ; e.g., μεθ᾽ ἡμῶν, καθ᾽ ἡμῶν, ἐφ᾽ ἑαυτήν.

PRACTICE

Transliterate each of the prepositions in the above table.

TRANSLATION

1. Κατὰ Μᾶρκον. 2. Ἦλθε Σίμων καὶ οἱ μετ᾽ αὐτοῦ. 3. Οὐκ ἔφερον αὐτῷ διὰ τὸν ὄχλον. 4. Ἐγὼ μεθ᾽ ὑμῶν εἰμι. 5. Ἐξῆλθον οἱ Φαρισαῖοι μετὰ τῶν Ἡρῳδιανῶν. 6. Ἦν περὶ αὐτὸν ὄχλος. 7. Ὁ Ἠσαΐας γράφει περὶ ὑμῶν. 8. Ἐξῆλθεν διὰ τῆς Γαλιλαίας. 9. Ἀδελφός ἐστιν ὑπὲρ δοῦλον. 10. Ἀκούει τὰ περὶ τοῦ Ἰησοῦ. 11. Ἦλθε μετὰ τὸ σάββατον. 12. Ἔφερον αὐτὰ διὰ τοῦ ἱεροῦ. 13. Ὁ ἄνθρωπος οὐκ ἔστιν καθ᾽ ἡμῶν. 14. Ἔφερον τὸν ἄνθρωπον.

1. He is for us. 2. We came thru Galilee. 3. He is near the temple. 4. Simon is with us. 5. We hear about him.

LESSON XI
First Aorist

The regular verb forms the first aorist by adding σα to the stem. The characteristic vowel of the first aorist ending is α. Like the imperfect and the second aorist, the first aorist has an augment, e.g., ἔλυσα.

FIRST AORIST INDICATIVE ACTIVE

ἔλυσα *I loosened*	ἐλύσαμεν *we loosened*
ἔλυσας *you loosened*	ἐλύσατε *you loosened*
ἔλυσε — *loosened*	ἔλυσαν *they loosened*

There is no difference in meaning between the first and second aorists. One exception will be mentioned in a later lesson.

In compound verbs the augment comes between the prefix and the verb stem, e.g., ἀπολύω, ἀπέλυσα, the o of the prefix being dropped before the augment.

Verbs with the present in -σσω form the first aorist with -ξα, e.g., κηρύσσω, ἐκήρυξα.

Verbs whose stems end in a liquid, drop the σ of the

first aorist, but keep the α, e.g., κρίνω, ἔκρινα. (See Appendix ii.8, for the term *liquid*.)

When a verb stem ends in π, β, or φ, the addition of the first aorist σ produces ψ. (See Appendix ii.2, the Consonant Rectangle; also App. ii.7.d.)

PRACTICE

Write out the conjugation of πιστεύω, in the present, imperfect and first aorist of the active indicative.

SYNTAX

a. Some verbs take the dative case instead of the accusative, e.g., *I am following him,* ἀκολουθῶ αὐτῷ.

b. The indirect object is expressed by the dative, e.g., sentence six below.

c. The dative, with or without a preposition, is used to express *time when,* e.g., *on that day,* ἐν ἐκείνῃ τῇ ἡμέρᾳ; *on the first day,* τῇ πρώτῃ ἡμέρᾳ.

See Lesson viii for a statement on the meaning of the aorist aspect.

VOCABULARY

ἀπολύω *dismiss, divorce*	νεανίσκος *young man*
δέ *and, but*	ὅτι *because, that*
διδαχή *teaching*	ποῦ *where*
θέλω *want, be willing*	πρός *to, toward, in the*
ἰσχυρός,ά,όν *strong*	*presence of*
κεφαλή *head*	τίτλος *inscription, title*
λόγος *speech,reason,word*	ὑπάγω *go*

POSTPOSITIVES

The conjunction δέ is postpositive, i.e., never comes first in a sentence, and is to be rendered into English before the word it follows, e.g., ὁ δὲ ἄνθρωπος, *and the man.* There are several other postpositives, e.g., μέν, οὖν, γάρ.

TRANSLATION

1. Ἐθεράπευεν τὸ παιδίον. 2. Ποῦ ὑπάγεις Κύριε;

3. Ἔχετε τὴν διδαχὴν τοῦ Κυρίου; 4. Ἔγραψεν δὲ καὶ τίτλον ὁ Πειλᾶτος. 5. Ἀπέλυσε τοὺς ὄχλους. 6. Ἔγραψα ὑμῖν, νεανίωκυι, ὅτι ἰσχυροί ἐστε. 7. Φέρει τὸν υἱὸν αὐτοῦ πρὸς τὸν Ἰησοῦν. 8 Ἐπίστευσεν ὁ ἄνθρωπος τῷ λόγῳ. 9. Θέλω τὴν κεφαλὴν τοῦ Ἰωάννου. 10. Ὁ Ἰησοῦς ἐθεράπευσεν ἄνθρωπον τῷ σαββάτῳ. 11. Ὁ δὲ Σίμων καὶ αὐτὸς[1] ἐπίστευσεν.

1. Jesus dismissed the crowd. 2. We are dismissing the crowd. 3. They dismissed the crowd. 4. I was dismissing the crowd. 5. You were dismissing the crowds.

LESSON XII
The Future of the Regular Verb

The future of the regular verb has the same tense stem as the aorist, and the same endings as the present.

λύσω *I shall loosen*	λύσομεν *we shall loosen*
λύσεις *you will loosen*	λύσετε *you will loosen*
λύσει — *will loosen*	λύσουσι *they will loosen*

PHONETICS

There are two kinds of augment, syllabic and temporal. The prefixing of ε is called syllabic, because it adds a syllable. Syllabic augment is used when the verb stem begins with a single consonant, and usually when it begins with two. Temporal augment is used when the verb begins with a vowel, e.g., ἀκούω, ἤκουσα, the initial α being lengthened to η, ε to η, ο to ω, αι to ῃ, and οι to ῳ; but there is no change in the spelling of initial ι or υ.

PRACTICE

Write out the conjugation of ἀκούω in the present, imperfect, future, and first aorist.

[1] *Himself.*

VOCABULARY

ἀρχή *beginning*   σπόρος *seed*
γῆ *earth, land, ground* συκῆ *fig tree*
μένω *stay, wait*
προφητεύω *prophesy, de-*
 clare

TRANSLATION

1. Ἐν ἀρχῇ ἦν ὁ λόγος καὶ ὁ λόγος ἦν πρὸς τὸν θεὸν καὶ θεὸς ἦν ὁ λόγος. 2. Ἀκούσουσιν τῆς φωνῆς[1] τοῦ υἱοῦ τοῦ θεοῦ. 3. Ἦλθεν εἰς τὰς συναγωγὰς τῆς Γαλιλαίας. 4. Ὁ Ἰησοῦς ἐδίδασκεν ἐν παραβολαῖς. 5. Εἶδόν σε ὑπὸ τὴν συκῆν. 6. Ἀπὸ τῆς συκῆς ἔχομεν παραβολήν. 7. Εἰσῆλθεν εἰς γῆν Ἰσραήλ. 8. Ὁ γεωργὸς βάλλει τὸν σπόρον. 9. Ὁ σπόρος μένει ἐν τῇ γῇ. 10. Προφητεύσουσιν οἱ υἱοὶ ὑμῶν. 11. Ἀπολύσω αὐτόν. 12. Τοῖς σάββασιν[2] θεραπεύσει αὐτόν;

1. My God is liberating (Use λύω.) me. 2. Your God liberated you. 3. His God was setting him free. 4. Our God will free us. 5. Their gods did not free them.

[1] See Lesson iii, Syntax d.
[2] See Idioms, p. 130.

LESSON XIII
Prepositions Taking
Genitive, Dative, and Accusative

a. The prepositions ἐπί, παρά, and πρός take either the genitive, dative, or accusative, according to the meaning intended. In some phrases the meaning is idiomatic. The following important facts, however, shed some light, even on idioms.

b. One of the functions of the genitive is ablatival, i.e., indicating source or origin.

c. One of the functions of the dative is locative, i.e., indicating *place in which*.

d. The accusative indicates action upon, or against, and motion towards.

e. The basic meaning of ἐπί is *on*.

f. The basic meaning of παρά is *beside*.

g. The basic meaning of πρός is *to*.

Some of the many meanings are as follows:

GENITIVE	DATIVE	ACCUSATIVE
ἐπί *on, onto, in the time of*	*at (in view of)*	*onto, upon, at*
παρά *from (the presence of)*	*for (on the part of) to*	*along, to*
πρός *conducive to*	*near, at*	*towards, to*

VOCABULARY

γάρ, postpositive, *for*
δόξα *glory*
ἐσθίω,φάγομαι,ἔφαγον *eat*
θάλασσα *sea, lake*
θαυμάζω, θαυμάσομαι *be surprised*
κυνάριον *dog*
μωρία *foolishness*

σοφία *wisdom*
σωτηρία *salvation, safety*
τελώνιον *revenue office*
τράπεζα *table*
ὑπάρχω *be*
φυλακή *prison, guard, watch*

22

N.B. The characteristic vowel of the first declension is α. This vowel is retained in the plural of all first declension nouns. In the singular, nominative and accusative, it is retained after sibilants, i.e., after σ,ζ,ξ, or ψ.

PRACTICE

Write out the declension of θάλασσα, with its article, remembering that all first declension nouns have a circumflex on the ultima in the genitive plural.

Remember too that the α of the first declension accusative plural is always long.

TRANSLATION

I. Καὶ ἐξῆλθεν πάλιν παρὰ τὴν θάλασσαν. 2. Δόξαν παρὰ ἀνθρώπων οὐ λαμβάνω. 3. Ἡ γὰρ σοφία τοῦ κόσμου μωρία παρὰ τῷ θεῷ ἐστιν. 4. Ἄνθρωπος βάλλει τὸν σπόρον ἐπὶ τῆς γῆς. 5. Εἶδεν Λευὶν τὸν τοῦ Ἀλφαίου ἐπὶ τὸ τελώνιον. 6. Ἐθαύμαζον ἐπ᾽ αὐτῷ. 7. Ἐν φυλακῇ ἤμην καὶ ἤλθατε[1] πρός με. 8. Πρὸς τῆς σωτηρίας ὑπάρχει. 9. Ὁ Ἰησοῦς ἦλθεν ἐπὶ τῆς θαλάσσης. 10. Ἤκουσεν ἡ Συροφοινίκισσα περὶ αὐτοῦ. 11. Λαμβάνει τὸν ἄρτον τῶν τέκνων καὶ τοῖς κυναρίοις βάλλει. 12. Τὰ κυνάρια ὑπὸ τὴν τράπεζαν ἐσθίουσιν ἀπὸ τοῦ ἄρτου τῶν παιδίων.

I. We came to the sea. 2. They came from the sea. 3. You came along the sea. 4. He came on the sea. 5. I came thru the sea.

[1] Later form of second aor.

LESSON XIV

REGULAR ADJECTIVES OF THREE ENDINGS

Most adjectives are declined in three genders, with masculine, feminine, and neuter endings. Hence they are called adjectives *of three endings*.

The majority of such adjectives have the same endings as the article, except in the masculine nominative singular, which ends in os; and the neuter nominative and accusative singular, which end in ov, e.g.,

καλός καλή καλόν
καλοῦ καλῆς καλοῦ
etc.

ADJECTIVES OF TWO ENDINGS

Adjectives having the same form for the masculine and feminine, but a separate form for the neuter, are called adjectives of two endings. Some of them belong to the second declension and some to the third. Most of them are compound. See note in Lesson li.

PRACTICE

Write out the complete declension of καλός.

SYNTAX

a. The usual position of the adjective is between the article and the noun, e.g., ὁ καλὸς ἄνθρωπος. Another way of saying *the good man* is ὁ ἄνθρωπος ὁ καλός. These two word-orders are called *attributive* positions of the adjective. Note that in each of these the adjective is immediately preceded by the article

b. Adjectives are also used as predicates. *The man is good* may be expressed by ὁ ἄνθρωπος καλός ἐστιν. For the present tense such a statement may be made without the verb, e.g., καλὸς ὁ ἄνθρωπος, or ὁ ἄνθρωπος καλός. The last two arrangements show the two predicate positions of the adjective, not being immediately preceded by the article.

c. In any position the adjective agrees with its noun in gender, number, and case.

PRACTICE

Write out and hand in the declension of each of the following phrases: ὁ ἀγαπητὸς υἱός, ἡ καινὴ διαθήκη, τὸ κακὸν δαιμόνιον.

ADVERBS

Most adverbs end in ὡς.

WORD ORDER

Adverbs usually precede the words they modify.

VOCABULARY

ἀγαπητός,ή,όν *beloved*
ἀπόστολος *missionary*
ἄρρωστος,ον *sick*
ἐντολή *commandment*
ἔξω *outside*
ἔρημος,η,ον *desert*

καινός,ή,όν *new*
καλός,ή,όν *good*
λέγω, εἶπον, w. ind. obj.,
   say, tell; w. dir., *mean,
   call*
πενθερά *mother-in-law*

TRANSLATION

1. Σὺ εἶ ὁ υἱός μου ὁ ἀγαπητός. 2. Πάλιν ἐντολὴν καινὴν γράφω ὑμῖν. 3. Ἐξῆλθεν ὁ Ἰησοῦς εἰς ἔρημον τόπον. 4. Οὐκ εἰσῆλθεν εἰς συναγωγὰς ἀλλὰ ἔξω ἐπ᾽ ἐρήμοις τόποις ἦν. 5. Ὁ ὄχλος πρὸς τὴν θάλασσαν ἐπὶ τῆς γῆς ἦσαν. 6. Βάλλει τὸν σπόρον εἰς τὴν γῆν τὴν καλήν. 7. Ἡ πενθερὰ τοῦ Πέτρου ἦν ἄρρωστος καὶ λέγουσιν αὐτῷ περὶ αὐτῆς. 8. Ἐθεράπευσε τοὺς ἀρρώστους καὶ δαιμόνια ἐξέβαλεν. 9. Ἀπῆλθον ἐν τῷ πλοίῳ εἰς ἔρημον τόπον. 10. Οἱ ἀπόστολοι ἔλεγον Ἔρημός ἐστιν ὁ τόπος. 11. Λέγει αὐτοῖς ὁ Ἰησοῦς Ἔχετε ἄρτους;

LESSON XV

First Declension Masculines

Most first declension nouns are feminine, ending in
η or α; but some are masculine, having the nominative
singular in ης or ας, and the genitive singular in ου.
Otherwise their endings are the same as the feminine,
except that the feminine has no special form for the
vocative.

ὁ μαθητής	οἱ μαθηταί
τοῦ μαθητοῦ	τῶν μαθητῶν
τῷ μαθητῇ	τοῖς μαθηταῖς
τὸν μαθητήν	τοὺς μαθητάς
μαθητά	

A number of proper names are declined in this way,
but many names in ης and ας are third declension.

SYNTAX

An adjective may be used as a noun, e.g., sentence
10 of this lesson.

PRACTICE

Transliterate each of the nouns in the vocabulary.

VOCABULARY

βαπτιστής *baptist*	μισθωτός *hired man*
καλῶς *well*	προφήτης *prophet*
καρπός *fruit, crop*	ὑποκριτής *hypocrite*
μαθητής *disciple, pupil*	χριστός,ή,όν *anointed*

TRANSLATION

1. Οἱ Ἱεροσολυμεῖται ἐξῆλθον πρὸς τὸν Ἰωάννην. 2. Ὁ
Ζεβεδαῖος ἦν ἐν τῷ πλοίῳ μετὰ τῶν μισθωτῶν. 3. Εἶδεν
Ἀνδρέαν καὶ τὸν ἀδελφὸν αὐτοῦ. 4. Ἡρῴδης ἤκουσε καὶ
ἔλεγεν ὅτι Ἰωάννης ὁ βαπτιστής ἐστιν. 5. Οἱ ὄχλοι ἔλεγον
ὅτι Ἡλίας ἐστίν. 6. Λέγομεν δὲ Ἡλίαν καὶ Ἐλισαιὲ καὶ

Ἰεζεκιήλ, τοὺς προφήτας. 7. Ἐδίδασκεν τοὺς μαθητὰς αὐτοῦ. 8. Καλῶς ἐπροφήτευσεν ὁ Ἠσαΐας περὶ ὑμῶν τῶν ὑποκριτῶν. 9. Καὶ εἰσῆλθεν εἰς οἶκον ἀπὸ τοῦ ὄχλου. 10. Ὁ Πέτρος εἶπεν ὅτι Σὺ εἶ ὁ Χριστός. 11. Παρὰ τῶν γεωργῶν ἔλαβεν ἀπὸ τῶν καρπῶν. 12. Οὐκ ἐδίδασκεν τὴν ἐντολὴν τοῦ θεοῦ.

1. I said to the pupil, "You are a prophet." 2. They said to the pupils, "You are prophets." 3. The prophet said to us, "You are pupils." 4. We are pupils of the prophets. 5. He is a pupil of the baptist.

LESSON XVI
First Declension Nouns in -A

Following ρ or a vowel, the endings of the first declension singular have α instead of η, e.g.,

ἡ χαρά	αἱ χαραί
τῆς χαρᾶς	τῶν χαρῶν
τῇ χαρᾷ	ταῖς χαραῖς
τὴν χαράν	τὰς χαράς

PRACTICE
Write out the declension of οἰκία, ἀλήθεια, and σκιά.

VOCABULARY

ἅγιος,ᾱ,ον *holy*
ἀλήθεια *truth*
δίκαιος,ᾱ,ον *upright*
ἐξουσία *authority*
θηρίον *wild animal*
ἰατρός *physician*
κώμη *village*

οἰκία *house*
ὅριον *boundary*, pl. *territory*
πέραν, w. gen., *beyond*
σκιά *shadow*
χαρά *joy*
χρεία *need*

SYNTAX

Note the expression of habit in sentence 9 below, as in 12 of Lesson xiii.

TRANSLATION

1. Καὶ ἦν μετὰ τῶν θηρίων. 2. Ἐξουσίαν ἔχει ὁ υἱὸς τοῦ ἀνθρώπου ἐπὶ τῆς γῆς. 3. Ἀλήθειαν λέγω ἐν Χριστῷ. 4. Οὐκ ἔστιν ὁ υἱὸς τῆς Μαρίας καὶ ἀδελφὸς Ἰακώβου; 5. Ἦλθαν[1] εἰς τὴν οἰκίαν Πέτρου καὶ Ἀνδρέου μετὰ Ἰακώβου καὶ Ἰωάννου. 6. Ὁ Ἰησοῦς ὑπάγει μετὰ τῶν μαθητῶν αὐτοῦ. 7. Οὐ χρείαν ἔχουσιν ἰατροῦ. 8. Μετὰ χαρᾶς λαμβάνουσιν τὸν λόγον. 9. Ὑπὸ τὴν σκιὰν αὐτοῦ μένουσιν τὰ πετεινὰ τοῦ οὐρανοῦ. 10. Καὶ ἐξῆλθεν ὁ Ἰησοῦς καὶ οἱ μαθηταὶ αὐτοῦ εἰς τὰς κώμας Καισαρίας τῆς Φιλίππου. 11. Ἦλθεν εἰς τὰ ὅρια τῆς Ἰουδαίας καὶ πέραν τοῦ Ἰορδάνου. 12. Ἡ ἐντολὴ ἁγία καὶ δικαία.

Before writing the following exercise, examine the accents in the declension of ἅγιος, Appendix iii. 10, noting particularly the feminine singular.

1. God is holy. 2. The truth is holy. 3. Are we holy? 4. God's truth is holy. 5. We have holy joys. 6. Mary was in the village.

[1] Later form of second aorist, third person plural.

LESSON XVII
Voices

Greek has three voices: active, middle, and passive. In the active the actual subject is the grammatical subject and, when the verb is transitive, acts on an external object; in the middle voice the actual subject is again the grammatical subject, but acting with reference to itself; while in the passive voice the actual object is the grammatcal subject, e.g.,

active: *he untied a colt,* ἔλυσε πῶλον;
middle: *I washed myself,* ἐνυψάμην;
passive: *they were being baptized,* ἐβαπτίζοντο.

The use of the voices has varied from one period to another, but at no time has it been entirely consistent.

It seems that pre-literary Greek had no passive voice. Distinctive passive forms were never developed for the present, imperfect, perfect, and pluperfect tenses. Only the future and aorist have distinctive passive forms. These will be presented in a later lesson.

There are two sets of middle endings, primary and secondary, as follows:

PRIMARY		SECONDARY	
-μαι	-μεθα	-μην	-μεθα
-σαι	-σθε	-σο	-σθε
-ται	-νται	-το	-ντο

In the indicative the secondary endings are used with those tenses which take an augment, i.e., imperfect, aorist, and pluperfect, while primary endings are used with the other tenses.

The middle forms consist of *stem + theme-vowel + personal ending,* e.g., λύ-ο-μαι, λυ-ό-μεθα, etc.

Before μ and ν the theme vowel is ο, before other endings ε.

In most cases the σ of the second person singular is lost and contraction results, e.g., *λύεσαι becomes λύεαι, which contracts to λύῃ.

	Middle and Passive		*Middle*	
PRESENT	IMPERFECT	FUTURE	AORIST
λύομαι	ἐλυόμην	λύσομαι	ἐλυσάμην
λύῃ (ει)[1]	ἐλύου	λύσῃ	ἐλύσω
λύεται	ἐλύετο	λύσεται	ἐλύσατο
λυόμεθα	ἐλυόμεθα	λυσόμεθα	ἐλυσάμεθα
λύεσθε	ἐλύεσθε	λύσεσθε	ἐλύσασθε
λύονται	ἐλύοντο	λύσονται	ἐλύσαντο

VOCABULARY

ἁμαρτία *sin*

ἅπτω, act., *light, kindle;* mid., w.gen., *touch* (aor. mid., ἡψάμην)

ἀτιμία *dishonor*

ἀφίημι (ἀφίω) *let, remit, leave, forgive*

βαπτίζω *baptize*

ἐγείρω *raise, rise*

εἰ *if*

ἐκπλήσσομαι *be amazed*

κλαίω *cry* (*weep*)

νεκρός, ά, όν *dead*

νίπτω, ἔνιψα *wash*

ποταμός *river*

πρύμνα *stern*

σκανδαλίζω *cause to sin;* pass., *be offended*

σπείρω *sow*

σταυρός *cross*

ὑπακοή *obedience, answer*

Imperfective aspect marks in the above verbs are πτ, ζ, σσ, and the ι in ἀφίημι, ἐγείρω, σπείρω, and κλαίω.

TRANSLATION

1. Καὶ ἐξεπλήσσοντο ἐπὶ τῇ διδαχῇ αὐτοῦ. 2. Καὶ ἐβαπτίζοντο ὑπ᾽ αὐτοῦ ἐν τῷ Ἰορδάνῃ ποταμῷ. 3. Ὁ δὲ εἶπεν αὐτοῖς Ἐνιψάμην καὶ βλέπω. 4. Ἥψατο καὶ λέγει αὐτῷ Θέλω. 5. Ἡ δὲ πρύμνα ἐλύετο. 6. Καὶ φωνῆς ἤκουον ἐκ τῶν οὐρανῶν. 7. Καὶ ὑπακοὴ ἠκούετο ἀπὸ τοῦ σταυροῦ.

[1] The ει ending was rarely used in the first century.

8. Καὶ ἐσκανδαλίζοντο ἐν αὐτῷ. 9. Ἀφίενταί σου αἱ ἁμαρτίαι. 10. Καὶ ἔλεγον αὐτῷ οἱ μαθηταὶ αὐτοῦ Βλέπεις τὸν ὄχλον. 11. Οὐκ ἤγειρεν τὸν Χριστὸν εἰ νεκροὶ οὐκ ἐγείρονται. 12. Πῶς ἐγείρονται οἱ νεκροί; 13. Σπείρεται ἐν ἀτιμίᾳ, ἐγείρεται ἐν δόξῃ. 14. Ἡμεῖς δὲ οἱ μαθηταὶ τοῦ Κυρίου ἐκλαίομεν.

1. I am baptizing. 2. I am being baptized. 3. We are being baptized. 4. I was being baptized in the river. 5. He was being baptized. 6. You are being baptized. 7. They were being baptized.

LESSON XVIII

Deponent Verbs

A deponent verb is one whose voice form does not conform to its voice meaning. The commonest form of deponency is for a middle form to have an active meaning, e.g., ἔπομαι, *follow;* ἄρχομαι, *begin.*

Passive forms sometimes have middle meanings.

An active form may have a passive meaning, e.g., ἐν φόνῳ μαχαίρης ἀπέθανον, *they were put to death by the sword.*

The meanings of some verbs differ with the voices, e.g., ἄρχω, *rule;* ἄρχομαι, *begin;* αἱρέω, *seize;* αἱρέομαι, *choose.*

Intransitive verbs add to the confusion of the voices, Since they do not take objects, they have no real voice, yet may use any of the voice forms, e.g., ἔρχομαι, which has active forms in the aorist and perfect.

VOCABULARY

ἀποστέλλω *send away*
δύο *two*
εἰσπορεύομαι[1] *go in*
ἐπιθυμία *desire*
ἔρχομαι, ἐλεύσομαι, ἦλθον *come*
εὐθύς *immediately*
λέπρα *leprosy*
λεπρός *leper*

λύχνος *lamp*
παράγω, trans. *lead by, lead in*; intrans., *pass by, pass away*
περιέρχομαι *go around*
σπεύδω *hurry, be diligent*
σύν, w. dat., *with*
χώρα *country*

PRACTICE

Transliterate the nouns of the first seven sentences.

TRANSLATION

1. Καὶ εἰσπορεύονται εἰς Καφαρναούμ. 2. Καὶ ἔρχεται πρὸς αὐτὸν λεπρός. 3. Καὶ εὐθὺς ἀπῆλθεν ἀπ᾽ αὐτοῦ ἡ λέπρα. 4. Καὶ ὁ ὄχλος ἤρχετο πρὸς αὐτὸν καὶ ἐδίδασκεν αὐτούς. 5. Καὶ ἦλθον εἰς τὸ πέραν τῆς θαλάσσης εἰς τὴν χώραν τῶν Γερασηνῶν. 6. Ὁ κόσμος παράγεται καὶ ἡ ἐπιθυμία αὐτοῦ. 7. Περιήρχοντο δὲ μετὰ λύχνων. 8. Οἱ περὶ τὸν κεντουρίωνα ἔσπευσαν πρὸς τὸν Πειλᾶτον. 9. Ἐγὼ δὲ Σίμων Πέτρος καὶ Ἀνδρέας ὁ ἀδελφός μου ἀπήλθαμεν εἰς τὴν θάλασσαν. καὶ ἦν σὺν ἡμῖν Λευεὶς ὁ τοῦ Ἀλφαίου. 10. Ἀποστέλλει δύο τῶν μαθητῶν αὐτοῦ εἰς τὴν κώμην.

Note πρός with persons, εἰς with places.

1. The crowd came out to the sea. 2. The crowd is coming out of Capernaum. 3. Pilate came out to the crowd. 4. A crowd is passing by. 5. He is coming to us. 6. I was coming to him. 7. We were coming to Capernaum with the crowd.

[1] Verbs given without active endings are deponent.

LESSON XIX
Contract Verbs in -ΕΩ

Verb stems ending in ε, α, or ο undergo certain contractions with the theme vowels and personal endings, e.g., ποιέω contracts to ποιῶ. These contractions take place only in the present and imperfect. In the following tables both the uncontracted and contracted forms are given. The contracted forms are to be memorized. The uncontracted forms are for explanation, and in ancient texts occur only in poetry. The contractions take place according to the table in Appendix ii, 11. c.

Present Active

Uncontracted		*Contracted*	
ποιέω	ποιέομεν	ποιῶ	ποιοῦμεν
ποιέεις	ποιέετε	ποιεῖς	ποιεῖτε
ποιέει	ποιέουσι	ποιεῖ	ποιοῦσι

Imperfect Active

ἐποίεον	ἐποιέομεν	ἐποίουν	ἐποιοῦμεν
ἐποίεες	ἐποιέετε	ἐποίεις	ἐποιεῖτε
ἐποίεε	ἐποίεον	ἐποίει	ἐποίουν

Present Middle and Passive

ποιέομαι	ποιεόμεθα	ποιοῦμαι	ποιούμεθα
ποιέῃ	ποιέεσθε	ποιῇ	ποιεῖσθε
ποιέεται	ποιέονται	ποιεῖται	ποιοῦνται

Imperfect Middle and Passive

ἐποιεόμην	ἐποιεόμεθα	ἐποιούμην	ἐποιούμεθα
ἐποιέου	ἐποιέεσθε	ἐποιοῦ	ἐποιεῖσθε
ἐποιέετο	ἐποιέοντο	ἐποιεῖτο	ἐποιοῦντο

In the future and aorist the ε of the stem is lengthened to η. The addition of σ prevents contraction, e.g., ποιήσω, ἐποίησα. These are conjugated like λύσω and ἔλυσα. All contract verbs have the first aorist.

33

34 *Lesson xix*

The dative, with or without ἐν, is used to express means, instrument, or manner, e.g., *he spoke figuratively*, ἐλάλησεν ἐν παραβολαῖς· *Jesus shouted in a loud voice*, ἐβόησεν ὁ Ἰησοῦς φωνῇ μεγάλῃ.

VOCABULARY

ἄγγελος *messenger, angel*
ἀκολουθέω, w. dat., *follow*
ἀναχωρέω *retire, retreat*
διακονέω, w. dat., *serve*
ἐξομολογέω *confess*
εὐδοκέω *be well pleased*

ζητέω *look for*
καλέω, ἐκάλεσα *call*
καρποφορέω *produce*
λαλέω *talk, speak*
ποιέω *do, make, appoint*

TRANSLATION

1. Σὺ εἶ ὁ υἱός μου ὁ ἀγαπητός, ἐν σοὶ εὐδόκησα.¹ 2. Καὶ ἦν μετὰ τῶν θηρίων, καὶ οἱ ἄγγελοι διηκόνουν¹ αὐτῷ. 3. Καὶ διηκόνει αὐτοῖς. 4. Καὶ ἐλάλει αὐτοῖς τὸν λόγον. 5. Καὶ εὐθὺς ἐκάλεσεν αὐτούς. 6. Καὶ ὁ Ἰησοῦς μετὰ τῶν μαθητῶν αὐτοῦ ἀνεχώρησεν πρὸς τὴν θάλασσαν. 7. Ἔλεγον Βεελζεβοὺλ ἔχει. 8. Οἱ ἀδελφοί σου ἔξω ζητοῦσίν σε. 9. Ἀκούουσιν τὸν λόγον καὶ εὐθὺς μετὰ χαρᾶς λαμβάνουσιν αὐτόν. 10. Ἡ γῆ καρποφορεῖ. 11. Καὶ παραβολαῖς ἐλάλει αὐτοῖς τὸν λόγον. 12. Καὶ ἠκολούθει αὐτῷ ὄχλος. 13. Καὶ ἔρχεται εἰς οἶκον. 14. Ἐξωμολογούμην τῷ Κυρίῳ πάλιν τὰς ἁμαρτίας μου. 15. Ἐν ἀρχῇ ἐποίησεν ὁ θεὸς τὸν οὐρανὸν καὶ τὴν γῆν.

1. We are looking for God. 2. God is looking for us. 3. He is looking for God. 4. God was looking for him. 5. I am looking for you. 6. Were you looking for us?

¹ See Appendix ii.13, Augment.

LESSON XX
Third Declension in -MA

The most distinctive characteristic of the third declension is that the genitive and dative singular usually have one more syllable than the nominative. The simplest form of third declension is the neuter ending in μα, which is declined as follows:

N.A.	πνεῦμα	πνεύματα
G.	πνεύματος	πνευμάτων
D.	πνεύματι	πνεύμασι

The only consonants that can end a Greek word are ν,ρ,ς; so τ of the stem is dropped in the N. and A. sing.

Dentals (τ,δ,θ.ν) disappear when followed by a sibilant, e.g., in the dative plural of πνεῦμα before the σι ending.

The future of εἰμί is conjugated with middle endings as follows:

ἔσομαι	ἐσόμεθα
ἔσῃ	ἔσεσθε
ἔσται	ἔσονται

Verb stems end in ζ only in the present and imperfect.

PRESENT	FUTURE	AORIST
βαπτίζω	βαπτίσω	ἐβάπτισα
ἀποκεφαλίζω		ἀπεκεφάλισα
ὀνομάζω		ὠνόμασα

Some verbs have ξ in the future and aorist, e.g.,

κράζω	κράξω	ἔκραξα

PRACTICE

Write out the declension of θέλημα.

All nouns in -μα are third declension neuters, and are declined like πνεῦμα. Their accent is recessive.

See hints a and b, p. 149.

All nouns ending in α are first declension feminines, except those in μα, and certain indeclinables.

Second declension feminines have the same case endings as masculines.

VOCABULARY

ἀκάθαρτος,ον *dirty, foul*
ἐπιτάσσω, w. dat., *command*
ἔρημος, ἡ, *desert*
εὐαγγέλιον *good news*
θέλημα *desire, wish*
ἰδού *look!*

πνεῦμα *spirit*
πρό, w. gen., *before*
προσευχή *prayer*
πρόσωπον *face, person*
ὑπακούω, w. dat., *obey*
χωρίς, w. gen., *without*

TRANSLATION

1. Ἀρχὴ τοῦ εὐαγγελίου Ἰησοῦ Χριστοῦ. 2. Ἰδοὺ ἀποστέλλω τὸν ἄγγελόν μου πρὸ προσώπου σου. 3. Αὐτὸς δὲ βαπτίσει ὑμᾶς πνεύματι ἁγίῳ. 4. Καὶ εἶδεν τὸ πνεῦμα. 5. Καὶ εὐθὺς τὸ πνεῦμα αὐτὸν ἐκβάλλει εἰς τὴν ἔρημον. 6. Καὶ εὐθὺς ἦν ἐν τῇ συναγωγῇ αὐτῶν ἄνθρωπος ἐν πνεύματι ἀκαθάρτῳ. 7. Τὸ πνεῦμα τὸ ἀκάθαρτον ἐξῆλθεν ἐξ αὐτοῦ. 8. Κατ' ἐξουσίαν καὶ τοῖς πνεύμασι τοῖς ἀκαθάρτοις ἐπιτάσσει καὶ ὑπακούουσιν αὐτῷ. 9. Ποιήσω τὸ θέλημα τοῦ θεοῦ. 10. Χωρὶς δὲ παραβολῆς οὐκ ἐλάλει αὐτοῖς. 11. Ἡ θάλασσα ὑπακούει αὐτῷ. 12. Ὁ οἶκός μου οἶκος προσευχῆς, εἶπεν ὁ Κύριος. 13. Ἐγὼ ἐβάπτισα ὑμᾶς, αὐτὸς δὲ βαπτίσει ὑμᾶς.

1. The messenger will obey the Holy Spirit. 2. He is sending the foul spirit away. 3. Look! the messenger of the Spirit! 4. The spirits obey him. 5. The spirit is commanding the messenger.

LESSON XXI
NUMERALS

From the following table learn to·count, in the neuter gender, to ἑκατόν with cardinal numerals, and to δέκατον with ordinals.

	CARDINAL	ORDINAL	ADVERBIAL
1	εἷς,μία,ἕν	πρῶτος first	ἅπαξ once
2	δύο	δεύτερος second	δίς twice
3	τρεῖς, τρία	τρίτος third	τρίς thrice
4	τέσσαρες,-α	τέταρτος fourth	τετράκις four times
5	πέντε	πέμπτος fifth	πεντάκις five times
6	ἕξ	ἕκτος sixth	ἑξάκις six times
7	ἑπτά	ἕβδομος seventh	ἑπτάκις seven times
8	ὀκτώ	ὄγδοος eighth	etc.
9	ἐννέα	ἔνατος ninth	
10	δέκα	δέκατος tenth	
11	ἕνδεκα	ἑνδέκατος eleventh	
12	δώδεκα	δωδέκατος twelfth	
13	δεκατρεῖς,δεκατρία		
14	δεκατέσσαρες,-α		
15	δεκαπέντε		
16	δεκαέξ		
17	δεκαεπτά		
18	δεκαοκτώ		
19	δεκαεννέα		
20	εἴκοσι		
21	εἴκοσι εἷς		
22	εἴκοσι δύο		
30	τριάκοντα		
40	τεσσαράκοντα		
50	πεντήκοντα		

60 ἑξήκοντα
70 ἑβδομήκοντα
80 ὀγδοήκοντα
90 ἐνενήκοντα
100 ἑκατόν
200 διακόσιοι,αι,α
300 τριακόσιοι,αι,α
400 τετρακόσιοι,αι,α
500 πεντακόσιοι,αι,α
600 ἑξακόσιοι,αι,α
700 ἑπτακόσιοι,αι,α
800 ὀκτακόσιοι,αι,α
900 ἐνακόσιοι,αι,α
1000 χίλιοι,αι,α
2000 δισχίλιοι,αι,α
3000 τρισχίλιοι,αι,α
4000 τετρακισχίλιοι,αι,α
5000 πεντακισχίλιοι,αι,α
6000 ἑξακισχίλιοι,αι,α
7000 ἑπτακισχίλιοι,αι,α
8000 ὀκτακισχίλιοι,αι,α
9000 ἐνακισχίλιοι,αι,α
10,000 μύριοι,αι,α

Numerals, Continued

The ordinals are declined like adjectives of three endings. So also are declined the cardinals from διακόσιοι to μύριοι.

Εἷς, μία, ἕν are declined as follows:

M.	F.	N.
εἷς	μία	ἕν
ἑνός	μιᾶς	ἑνός
ἑνί	μιᾷ	ἑνί
ἕνα	μίαν	ἕν

Which declensions are used in the above paradigm?

The two numerals τρεῖς and τέσσαρες are declined like third declension adjectives of two endings:

M. & F.	N.[1]	M. & F.	N.
τρεῖς	τρία	τέσσαρες	τέσσαρα
τριῶν		τεσσάρων	
τρισί		τέσσαρσι	
τρεῖς	τρία	τέσσαρας	τέσσαρα

SYNTAX

a. The accusative is used to designate extent of time or space, e.g., *I stayed with him fifteen days,* ἔμεινα πρὸς αὐτὸν ἡμέρας δεκαπέντε.

b. Possession is sometimes expressed with the dative, e.g., οὐκ ἦν αὐτοῖς τέκνον, *they not did have a child.*

VOCABULARY

ἀρχισυνάγωγος synagog leader
εἰ μή except
ἡμέρα day
ἰχθύδιον (little) fish
ὄνομα name

ὀνομάζω name
οὐδείς, οὐδεμία, οὐδέν no one, nothing, not
παραλαμβάνω take along
πειράζω test, tempt

[1] See note in Lesson li.

TRANSLATION

1. Καὶ ἦν ἐν τῇ ἐρήμῳ τεσσεράκοντα ἡμέρας. 2. Τέσσαρες ἔφερον αὐτόν. 3. Καὶ ἐποίησεν δώδεκα καὶ ὠνόμασεν αὐτοὺς ἀποστόλους. 4. Καὶ καρποφορεῖ εἰς[1] τριάκοντα καὶ εἰς ἐξήκοντα καὶ εἰς ἑκατόν. 5. Ἔχομεν πέντε ἄρτους καὶ δύο ἰχθύδια. 6. Ἔχουσιν ἑπτὰ ἄρτους. 7. Πεντακισχίλιοι ἔφαγον τοὺς ἄρτους. 8. Περὶ τετάρτην φυλακὴν ἔρχεται πρὸς αὐτούς. 9. Ἦσαν δὲ τετρακισχίλιοι. 10. Οὐκ ἔχομεν ἐν τῷ πλοίῳ εἰ μὴ ἕνα ἄρτον. 11. Ὄνομα αὐτῷ Ἰωάννης. 12. Καὶ μετὰ ἡμέρας ἓξ παραλαμβάνει ὁ Ἰησοῦς τὸν Πέτρον καὶ τὸν Ἰάκωβον καὶ τὸν Ἰωάννην. 13. Καὶ ἤκουσαν οἱ δώδεκα περὶ Ἰακώβου καὶ Ἰωάννου. 14. Ἔρχονται εἰς τὸν οἶκον τοῦ ἀρχισυναγώγου. 15. Πειράζει δὲ αὐτὸς οὐδένα.

1. One apostle. 2. One desert. 3. One spirit. 4. One day. 5. Two apostles. 6. Three apostles. 7. Two days. 8. Three spirits. 9. Three days. 10. My name is John. 11. Peter was the first of the apostles.

1 *Up to.*

LESSON XXIII
THIRD DECLENSION ADJECTIVES

In all declensions of three endings, the feminine belongs to the first declension. In most adjectives of three endings the masculine and neuter belong to the second declension, but some have masculine and neuter in the third. Among these latter is the quantitative adjective πᾶς , which is declined as follows:

πᾶς	πᾶσα	πᾶν	πάντες	πᾶσαι	πάντα
παντός	πάσης	παντός	πάντων	πασῶν	πάντων
παντί	πάσῃ	παντί	πᾶσι	πάσαις	πᾶσι
πάντα	πᾶσαν	πᾶν	πάντας	πάσας	πάντα

SYNTAX

a. The singulars of πᾶς without the article mean *every*, e.g., πᾶν δένδρον, *every tree.*

b. The dative (sometimes with ἐν or ἐπί) is used to express cause, e.g., συγχαίρει τῇ ἀληθείᾳ, *it rejoices in (because of) the truth.*

ORTHOGRAPHY

When stems ending in a palatal(κ,γ,χ) add σ, the resulting combination is spelled with ξ, never κσ.

PRACTICE

Transliterate the last six words in the vocabulary.

VOCABULARY

ἁμαρτωλός *sinful, irreligious*
ἀσκός *wine skin*
ἐκπορεύομαι *go out*
εὑρίσκω,εὑρήσω,εὗρον *find*
καταδιώκω *hunt up, hunt down, persecute*
κράζω,ἔκραξα *shreik*

νέος,α,ον *new*
νηστεύω *fast*
οἶνος *wine*
παλαιός,ά,όν *old*
πᾶς,πᾶσα,πᾶν *all, every, whole*
τελώνης *revenue officer*

Note the word-order of πᾶς in the following sentences.

TRANSLATION

1. Καὶ ἐξεπορεύετο πρὸς αὐτὸν πᾶσα ἡ Ἰουδαία χώρα καὶ οἱ Ἱεροσολυμεῖται πάντες καὶ ἐβαπτίζοντο ὑπ' αὐτοῦ ἐν τῷ Ἰορδάνῃ ποταμῷ. 2. Καὶ κατεδίωξεν αὐτὸν Σίμων καὶ οἱ μετ' αὐτοῦ, καὶ εὗρον αὐτὸν καὶ λέγουσιν αὐτῷ Πάντες ζητοῦσίν σε. 3. Καὶ ἐξῆλθεν πάλιν παρὰ τὴν θάλασσαν·[1] καὶ πᾶς ὁ ὄχλος ἤρχετο πρὸς αὐτόν, καὶ ἐδίδασκεν αὐτούς. 4. Ἐσθίει μετὰ τῶν ἁμαρτωλῶν καὶ τελωνῶν. 5. Οἱ δὲ σοὶ μαθηταὶ οὐ νηστεύουσιν. 6. Οὐδεὶς βάλλει οἶνον νέον εἰς ἀσκοὺς παλαιούς. 7. Καὶ πᾶς ὁ ὄχλος πρὸς τὴν θάλασσαν ἐπὶ τῆς γῆς ἦσαν. 8. Καὶ ἀκολουθοῦσιν αὐτῷ οἱ μαθηταὶ αὐτοῦ. 9. Ὁ υἱὸς τοῦ ἀνθρώπου ἔρχεται μετὰ τῶν ἀγγέλων τῶν ἁγίων. 10. Ἔκραζον ὅτι Σὺ εἶ ὁ υἱὸς τοῦ θεοῦ. 11. Εἶδεν αὐτὸν τὸ πνεῦμα. 12. Ἰδοὺ ἀναβαίνομεν εἰς Ἱεροσόλυμα.

1. One angel. 2. The first angel. 3. All the angels. 4. Two angels. 5. The second angel. 6. Three angels. 7. The third angel. 8. Every angel. 9. Did God name the angels?

[1] The Greek colon is a dot above the line, level with the top of the vowels.

LESSON XXIV

Participles

The present active participle is declined as follows:

λύων	λύουσα	λῦον
λύοντος	λυούσης	λύοντος
λύοντι	λυούσῃ	λύοντι
λύοντα	λύουσαν	λῦον
λύοντες	λύουσαι	λύοντα
λυόντων	λυουσῶν	λυόντων
λύουσι	λυούσαις	λύουσι
λύοντας	λυούσας	λύοντα

DECLENSION

The second aorist and future participles are declined like the present. The second aorist, however, does not have recessive accent, e.g., ἐλθών, ἐλθόντος.

Note that ών is a distinctive ending. With the exception of the minor verbs in μι, it is found only in the masculine nominative singular of the second aorist active participle.

The declension of the present participle of εἰμί is made up simply of the endings of the participle of the regular verb, viz., in the nominative singular, ὤν, οὖσα, ὄν.

SYNTAX

The participle is one of the most important features of the language. Altho declined like the adjective, it is derived from the verb and takes the place of the verb in many subordinate clauses.

a. It may be used as a noun, e.g., ὁ λύων τὸν πῶλον, *the man untying the colt;* ἡ λύουσα τὸν πῶλον, *the woman untying the colt.*

43

b. The most frequent use of the participle is as a substitute for a subordinate clause, e.g., *while he was coming up he saw the spirit,* ἀναβαίνων εἶδε τὸ πνεῦμα. Here ἀναβαίνων means *while he was coming up.*

c. Λύων by itself means *a masculine (nominative) individual in the act af loosening.*

d. As shown in *b* above, the present participle is used for action taking place at the same time as that of the main verb.

e. The aorist participle is used for action that precedes that of the main verb, e.g., *after he had come out he was preaching.* ἐξελθὼν ἐκήρυσσεν.

IDIOM

The verb ἔχω, when used intransitively, has a meaning equivalent to εἰμί, e.g., ἔχω καλῶς, *I am well.*

VOCABULARY

ἀμφιβάλλω *fish (with a net)*

δίκτυον *net*

κακῶς *evilly, 'poorly'*

κατάκειμαι *be sick in bed, recline (at table)*

καταρτίζω *fix*

κηρύσσω, ἐκήρυξα *preach, proclaim*

νόσος, ἡ, *disease*

ὅλος, η, ον *all, whole*

παρακαλέω *beseech*

ποικίλος, η, ον *assorted*

πυρέσσω *have fever*

TRANSLATION

1. Καὶ παράγων παρὰ τὴν θάλασσαν τῆς Γαλιλαίας εἶδεν Σίμωνα καὶ Ἀνδρέαν τὸν ἀδελφὸν Σίμωνος ἀμφιβάλλοντας ἐν τῇ θαλάσσῃ. 2. Εἶδεν Ἰάκωβον τὸν τοῦ Ζεβεδαίου καὶ Ἰωάννην τὸν ἀδελφὸν αὐτοῦ ἐν τῷ πλοίῳ καταρτίζοντας τὰ δίκτυα, καὶ εὐθὺς ἐκάλεσεν αὐτούς. 3. Καὶ ἐξεπλήσσοντο ἐπὶ τῇ διδαχῇ αὐτοῦ, ἦν γὰρ διδάσκων αὐτοὺς ὡς ἐξουσίαν ἔχων. 4. Καὶ εὐθὺς ἐκ τῆς συναγωγῆς ἐξελθόντες ἦλθαν εἰς τὴν οἰκίαν Σίμωνος καὶ Ἀνδρέου

μετὰ Ἰακώβου καὶ Ἰωάννου. 5. Ἡ δὲ πενθερὰ Σίμωνος κατέκειτο πυρέσσουσα καὶ εὐθὺς λέγουσιν αὐτῷ περὶ αὐτῆς. 6. Ἔφερον πρὸς αὐτὸν πάντας τοὺς κακῶς ἔχοντας. 7. Καὶ ἐθεράπευσεν τοὺς κακῶς ἔχοντας ποικίλαις νόσοις. 8. Καὶ ἦλθεν κηρύσσων εἰς τὰς συναγωγὰς αὐτῶν εἰς ὅλην τὴν Γαλιλαίαν καὶ τὰ δαιμόνια ἐκβάλλων. 9. Καὶ ἔρχεται πρὸς αὐτὸν λεπρὸς παρακαλῶν αὐτόν.

1. He came beseeching. 2. He comes beseeching. 3. She came beseeching. 4. She comes beseeching. 5. He was beseeching all who were sick.

LESSON XXV
The First Aorist Active Participle

The first aorist active participle is declined like πᾶς, πᾶσα, πᾶν, the nominative singulars being λύσας, λύσασα, λῦσαν.

Note that -σασα is a distinctive ending.

PRACTICE

Write out the declension of the aorist active participle.

SUGGESTIONS ABOUT TRANSLATION

A literal translation of a Greek participle usually makes poor English. The best guides for felicitous renderings are the Greek context and one's feeling for idiomatic English. The following examples will illustrate the superiority of free translation.

Κατέκειτο πυρέσσουσα·
literally, *she was lying down having fever;*
freely, *she was sick in bed with a fever.*
Ἦλθεν κηρύσσων εἰς τὰς συναγωγὰς αὐτῶν·
literally, *he came preaching to their synagogs;*
freely, *he came to their synagogs and preached.*

SYNTAX

a. The genitive is used with verbs of touching, or taking hold of, c.g., *he took hold of him,* ἐπελάβετο αὐτοῦ.

b. The dative is sometimes equivalent to πρός with the accusative, e.g., in sentence 13 of the following translation exercise.

PRACTICE

Transliterate the nouns in the following vocabulary.

VOCABULARY

αἰτέω *ask for*
ἀπιστία *unbelief*
ἀποκεφαλίζω *behead*
ἱμάτιον *(outer)garment*
ὄπισθεν *behind*
περιπατέω *walk*
πινακίδιον *tablet*
πόσος, η, ον *how much? how large? how many?*

προσέρχομαι, w. dat., *approach*
προσκεφάλαιον *cushion, pillow*
σπαράσσω *throw on the ground*
φοβέομαι *be afraid*
φωνέω *shout, crow, call*

TRANSLATION

1. Καὶ αἰτήσας πινακίδιον ἔγραψεν. 2. Καὶ σπαράξαν αὐτὸν τὸ πνεῦμα τὸ ἀκάθαρτον καὶ φωνῆσαν ἐξῆλθεν ἐξ αὐτοῦ. 3. Ὁ σπείρων τὸν λόγον σπείρει. 4. Καὶ αὐτὸς ἦν ἐν τῇ πρύμνῃ ἐπὶ τὸ προσκεφάλαιον καθεύδων. 5. Ἀκούσασα τὰ περὶ τοῦ Ἰησοῦ, ἐλθοῦσα ἐν τῷ ὄχλῳ ὄπισθεν ἥψατο τοῦ ἱματίου αὐτοῦ. 6. Εἶπεν αὐτῷ πᾶσαν τὴν ἀλήθειαν. 7. Οὐκ ἔστιν[1] δίκαιος οὐδὲ εἷς. 8. Πόσους ἔχετε ἄρτους; 9. Οἱ δὲ εἶπον Ἑπτά. 10. Καὶ ἀπελθὼν ἀπεκεφάλισεν αὐτὸν ἐν τῇ φυλακῇ. 11. Καὶ ἀκούσαντες οἱ μαθηταὶ αὐτοῦ ἦλθαν. 12. Καὶ εἶδαν αὐτοὺς ὑπάγοντας. 13. Προσελθόντες αὐτῷ οἱ μαθηταὶ αὐτοῦ ἔλεγον ὅτι Ἔρημός ἐστιν

[1] See rule p, page 147.

ὁ τόπος. 14. Περὶ τετάρτην φυλακὴν ἔρχεται πρὸς αὐτοὺς περιπατῶν ἐπὶ τῆς θαλάσσης. 15. Ἐθαύμασεν διὰ τὴν ἀπιστίαν αὐτῶν. 16. Ὁ Ἡρῴδης ἔλεγεν ὅτι Ἐγὼ ἀπεκεφάλισεν τὸν Ἰωάννην. 17. Ὁ Ἡρῴδης ἐφοβεῖτο τὸν Ἰωάννην.

1. He is coming walking. 2. Having come he is walking. 3. He came walking. 4. Having walked he heard. 5. Having walked she heard.

LESSON XXVI
THE MIDDLE PARTICIPLE

All middle participles end in -μενος, -μενη, -μενον; and are declined like καλός, καλή, καλόν. The present middle and passive participle of λύω is λυόμενος, the aorist middle λυσάμενος, the future middle λυσόμενος.

PRACTICE

Write out the full declension of the present active and the present middle participles of λύω, remembering that the feminine genitive plural of participles and adjectives in -ος, -η, -ον is not accented on the ultima, unless the nominative is.

VOCABULARY

ἀγαθός,ή,όν *good*

αἴρω *raise, take away, carry*

ἀνακράζω *shout*

βασανίζω *torture*

γλῶσσα *tongue, language*

δαιμονίζομαι *be possessed by a demon*

θεωρέω *look at*

κάθημαι *sit*

καταβαίνω *come down*

παραλυτικός *paralytic*

περιστερά *pigeon*

προσκαλέομαι *summon*

σχίζω *split, tear*

σωφρονέω *be sane*

TRANSLATION

1. Καὶ ἐβαπτίζοντο ὑπ' αὐτοῦ ἐν τῷ Ἰορδάνῃ ποταμῷ ἐξομολογούμενοι τὰς ἁμαρτίας αὐτῶν. 2. Εἶδεν σχιζομένους τοὺς οὐρανοὺς καὶ τὸ πνεῦμα ὡς περιστερὰν καταβαῖνον εἰς αὐτόν. 3. Ἔφερον πρὸς αὐτὸν πάντας τοὺς κακῶς ἔχοντας καὶ τοὺς δαιμονιζομένους. 4. Καὶ ἔρχονται φέροντες πρὸς αὐτὸν παραλυτικὸν αἰρόμενον ὑπὸ τεσσάρων. 5. Καὶ ἦσαν οἱ μαθηταὶ Ἰωάννου καὶ οἱ Φαρισαῖοι νηστεύοντες. 6. Καὶ προσκαλεσάμενος αὐτοὺς ἐν παραβολαῖς ἔλεγεν αὐτοῖς. 7. Καὶ ἔρχονται πρὸς τὸν Ἰησοῦν. καὶ θεωροῦσιν τὸν δαιμονιζόμενον καθήμενον[1] σωφρονοῦντα. 8. Καὶ ἰδὼν αὐτοὺς βασανιζομένους ἔρχεται πρὸς αὐτοὺς περιπατῶν ἐπὶ τῆς θαλάσσης. 9. Οἱ δὲ ἰδόντες αὐτὸν ἐπὶ τῆς θαλάσσης περιπατοῦντα ἀνέκραξαν. 10. Ὁ γὰρ λαλῶν γλώσσῃ οὐκ ἀνθρώποις λαλεῖ ἀλλὰ θεῷ. 11. Καὶ ἐλθόντες πρὸς τοὺς μαθητὰς εἶδαν ὄχλον περὶ αὐτούς 12. Οὐδεὶς ἀγαθὸς εἰ μὴ εἷς ὁ θεός. 13. Καὶ εὐθὺς ἀναβαίνων ἐκ τοῦ ποταμοῦ εἶδεν τὸ πνεῦμα.

1. He is being baptized confessing his sins. 2. She is being baptized confessing her sins. 3. We are being baptized confessing our sins. 4. They are being baptized confessing their sins. 5. You are being baptized confessing your sins.

---

[1] This verb has no theme vowel. The vowel before the ending is part of the stem.

LESSON XXVII
ΠΟΛΥΣ, ΜΕΓΑΣ, Genitive Absolute

The quantitative adjectives πολύς and μέγας are declined as follows:

πολύς	πολλή	πολύ
πολλοῦ	πολλῆς	πολλοῦ
πολλῷ	πολλῇ	πολλῷ
πολύν	πολλήν	πολύ
πολλοί	πολλαί	πολλά
πολλῶν	πολλῶν	πολλῶν
πολλοῖς	πολλαῖς	πολλοῖς
πολλούς	πολλάς	πολλά

μέγας	μεγάλη	μέγα
μεγάλου	μεγάλης	μεγάλου
μεγάλῳ	μεγάλῃ	μεγάλῳ
μέγαν	μεγάλην	μέγα
μεγάλοι	μεγάλαι	μεγάλα
μεγάλων	μεγάλων	μεγάλων
μεγάλοις	μεγάλαις	μεγάλοις
μεγάλους	μεγάλας	μεγάλα

SYNTAX

The genitive absolute is a common construction, consisting usually of a noun, or a pronoun, and a participle, both in the genitive case, e.g., ἔτι αὐτοῦ λαλοῦντος, *while he was still speaking.* The noun, or pronoun, in this construction is the subject of the verbal idea of the participle. In the example here shown αὐτοῦ is the subject of λαλοῦντος.

Such a genitive is called *absolute,* because the case is not determined by relation to any word in the main clause.

49

VOCABULARY

ἀλαλάζω *wail*
ἀλείφω *anoint*
δοχή *reception*
ἔλαιον *olive oil*
ἤδη *already*
θόρυβος *disturbance, up-roar*
μέγας, μεγάλη, μέγα *big*

πλῆθος, τό *crowd*
πολύς, πολλή, πολύ *much, many*
συνανάκειμαι *recline with at table*
συνθλίβω, συνέθλιψα *crowd against*
ὥρα *hour, time*

TRANSLATION

1. Καὶ ἐθεράπευσεν πολλοὺς κακῶς ἔχοντας ποικίλαις νόσοις, καὶ δαιμόνια πολλὰ ἐξέβαλεν. 2. Καὶ πολλοὶ τελῶναι καὶ ἁμαρτωλοὶ συνανέκειντο τῷ Ἰησοῦ καὶ τοῖς μαθηταῖς αὐτοῦ, ἦσαν γὰρ πολλοὶ καὶ ἠκολούθουν αὐτῷ. 3. Καὶ πολὺ πλῆθος ἀπὸ τῆς Γαλιλαίας ἠκολούθησεν, καὶ ἀπὸ τῆς Ἰουδαίας καὶ ἀπὸ Ἱεροσολύμων καὶ ἀπὸ τῆς Ἰδουμαίας καὶ πέραν τοῦ Ἰορδάνου καὶ περὶ Τύρον καὶ Σιδῶνα. 4. Καὶ ἐποίησεν δοχὴν μεγάλην Λευὶς αὐτῷ. 5. Καὶ ἐμβαίνοντος αὐτοῦ εἰς τὸ πλοῖον παρεκάλει αὐτὸν ὁ ἄνθρωπος. 6. Καὶ ἠκολούθει αὐτῷ ὄχλος πολὺς καὶ συνέθλιβον αὐτόν. 7. Βλέπεις τὸν ὄχλον συνθλίβοντά σε; 8. Καὶ ἔρχονται εἰς τὸν οἶκον τοῦ ἀρχισυναγώγου, καὶ θεωρεῖ θόρυβον καὶ κλαίοντας καὶ ἀλαλάζοντας πολλά.[1] 9. Καὶ οἱ πολλοὶ ἀκούοντες ἐξεπλήσσοντο. 10. Καὶ ἤλειφον ἐλαίῳ πολλοὺς ἀρρώστους καὶ ἐθεράπευον. 11. Προσελθόντες αὐτῷ οἱ μαθηταὶ αὐτοῦ ἔλεγον ὅτι Ἔρημός ἐστιν ὁ τόπος, καὶ ἤδη ὥρα πολλή.

1. He is big. 2. She is big. 3. They are big 4. We are big. 5. (There)[2] were many big disurbances. 6. I am anointing with oil. 7. There was a big disturbance.

[1] Adverbial use of the accusative.
[2] Omit in the Greek.

LESSON XXVIII

Interrogative and Indefinite Pronouns

Personal M. & F.	Impersonal N.		Personal M. & F.	Impersonal N.

SINGULAR

τίς	τί		τὶς[1]	τὶ
τίνος			τινός	
τίνι			τινί	
τίνα	τί		τινά	τὶ

PLURAL

τίνες	τίνα		τινές	τινά
τίνων			τινῶν	
τίσι			τισί	
τίνας	τίνα		τινάς	τινά

The interrogative pronoun is an exception to the rules for accent, for it never takes a grave.

VOCABULARY

ἀναβλέπω *look up, recover sight*

διαλογίζομαι *argue, consider*

ἔτι *still, yet, besides, again*

ἐφφαθά, Aram., *be opened*

θορυβέω *make a disturbance*

ἰσχύω *be strong*

μακρόθεν *from far away*

μαρτυρία *testimony*

μισθός *wages*

μνημεῖον *tomb, monument*

ὁδεύω *travel*

ὁδός,ἡ, *road, street, way*

πτύω *spit*

πῶλος *colt, horse*

στενάζω *groan*

τίς, τί, gen. τίνος, *who, what? τί why?*

τὶς,τὶ, gen. τινός, *someone, a certain one, something*

---

[1] The grave accent indicates an enclitic.

TRANSLATION

1. Τί ἡμῖν καὶ σοί,[1] Ἰησοῦ, Ναζαρηνέ;[2] 2. Τί ὄνομά σοι; 3. Τίς μου ἥψατο τῶν ἱματίων; 4. Τὰ ἀγαθά σου, τίνι ἔσται; 5. Τί θορυβεῖσθε καὶ κλαίετε; 6. Τί ἐμοὶ καὶ σοὶ Ἰησοῦ υἱὲ τοῦ θεοῦ; 7. Καί τινες αὐτῶν ἀπὸ μακρόθεν εἰσίν. 8. Τί ἐν τῇ ὁδῷ διελογίζεσθε; 9. Εἴδαμέν τινα ἐν τῷ ὀνόματί σου ἐκβάλλοντα δαιμόνια. 10. Τί με λέγεις ἀγαθόν; Οὐδεὶς ἀγαθὸς εἰ μὴ εἷς ὁ θεός. 11. Ἄνθρωπός τις κατέβαινεν ἀπὸ Ἱερουσαλὴμ εἰς Ἰεριχώ. 12. Σαμαρείτης δέ τις ὁδεύων ἦλθεν κατ᾽ αὐτόν 13. Τέκνον, τί κλαίεις; 14. Τίνα μισθὸν ἔχετε; 15. Τί ποιεῖτε λύοντες τὸν πῶλον; 16. Οὐ πᾶς δὲ ὁ λαλῶν ἐν πνεύματι προφήτης ἐστίν. 17. Καὶ πτύσας ἥψατο τῆς γλώσσης αὐτοῦ, καὶ ἀναβλέψας εἰς τὸν οὐρανὸν ἐστέναξεν καὶ λέγει αὐτῷ Ἐφφαθά. 18. Τί ἔτι ἔχομεν μαρτυρίας χρείαν; 19. Ἄνθρωπός τις εἶχεν δύο υἱούς. 20. Οὐ χρείαν ἔχουσιν οἱ ἰσχύοντες ἰατροῦ, ἀλλ᾽ οἱ κακῶς ἔχοντες. 21. Ἀπῆλθόν τινες τῶν σὺν ἡμῖν εἰς τὸ μνημεῖον.

1. Who is the man? 2. Whom do you see? 3. I see somebody. 4. I see a certain man. 5. What is his name? 6. What are their names?

[1] See Idioms, p. 130.
[2] Both nouns are in the vocative.

LESSON XXIX
THE INFINITIVE

The infinitive is a verbal noun. Most of its uses can be translated by the word *to,* e.g., λύειν, *to be loosening.*

In the tenses so far studied the infinitive endings are as follows:

	PRES.	FUT.	I AOR.	2 AOR.
Active	-ειν	-ειν	-αι	-εῖν[1]
Middle	-σθαι	-σθαι	-σθαι	-σθαι
Passive			-ναι	-ναι

Some verbs have the present active infinitive in -ναι, e.g., εἶναι, infinitive of εἰμί.

PRACTICE

Identify the following forms: λύειν, λύσειν, λύεσθαι, λύσασθαι, ἀποστέλλειν, λαλεῖν, κηρύσσειν, καλέσαι, κρατῆσαι, ἐκβάλλειν, εἰσελθεῖν, διδάσκειν, σπεῖραι, παρακαλεῖν, ἀπελθεῖν, λύσεσθαι.

Note that augment occurs only in the indicative.

SYNTAX

a. Distinctions in meaning among the tenses of the infinitive are matters of aspect, rather than of time, e.g., λύειν, *to be loosening;* λῦσαι, *to loosen.*

b. The future infinitive is rarely used in the New Testament, occurring only in Acts and Hebrews.

VOCABULARY

ἀποστάσιον *divorce*
ἄρχω *rule;* ἄρχομαι, ἠρξάμην *begin*
βασιλεία *kingdom*
βιβλίον *book, document*
διαφημίζω *disseminate*
δύναμαι *be able, can*
δύσκολος,η,ον *difficult*

ἐπιτρέπω (τινί) *allow*
ἴδιος,ᾱ,ον *one's own;* κατ' ἰδίαν *in private*
κατεσθίω, κατέφαγον *devour*
κρατέω *catch, hold*
οὐδέ *neither, nor, not even*

[1] Also present infinitive of ε contract verbs.

See App. iii.33 for the conjugation of δύναμαι.

TRANSLATION

1. Καὶ οὐκ ἤφιεν λαλεῖν τὰ δαιμόνια. 2. Ὁ δὲ ἐξελθὼν ἤρξατο κηρύσσειν πολλὰ καὶ διαφημίζειν τὸν λόγον. 3. Τίς δύναται ἀφιέναι ἁμαρτίας εἰ μὴ εἷς ὁ θεός; 4. Οὐκ ἦλθεν καλέσαι δικαίους ἀλλὰ ἁμαρτωλούς. 5. Καὶ ἀκούσαντες οἱ παρ' αὐτοῦ ἐξῆλθον κρατῆσαι αὐτόν. 6. Πῶς δύναται Σατανᾶς Σατανᾶν ἐκβάλλειν; 7. Ἀλλ' οὐ δύναται οὐδεὶς[1] εἰς τὴν οἰκίαν τοῦ ἰσχυροῦ εἰσελθεῖν. 8. Καὶ πάλιν ἤρξατο διδάσκειν παρὰ τὴν θάλασσαν. 9. Καὶ ἦλθεν τὰ πετεινὰ καὶ κατέφαγεν αὐτό. 10. Καὶ ἤρξαντο παρακαλεῖν αὐτὸν ἀπελθεῖν ἀπὸ τῶν ὁρίων αὐτῶν. 11. Ἐν οὐδενὶ δύναται ἐξελθεῖν εἰ μὴ ἐν προσευχῇ. 12. Οἱ δὲ εἶπαν Ἐπέτρεψεν Μωϋσῆς βιβλίον ἀποστασίου γράψαι καὶ ἀπολῦσαι. 13. Τέκνα, πῶς δύσκολόν ἐστιν εἰς τὴν βασιλείαν τοῦ θεοῦ εἰσελθεῖν. 14. Πῶς δύναταί τις εἰσελθεῖν εἰς τὴν οἰκίαν τοῦ ἰσχυροῦ; 15. Ἐκ Ναζαρὲτ δύναταί τι ἀγαθὸν εἶναι; 16. Οὐδὲ εἷς τι τῶν ὑπαρχόντων αὐτοῦ ἔλεγεν ἴδιον εἶναι. 17. Σίμων, ἔχω σοί τι εἰπεῖν.

Use the present infinitive after ἄρχομαι.

Who is teaching? 2. He is beginning to teach. 3. I am not able to teach. 4. They are beginning to devour the book. 5. He is beginning to devour the book.

[1] Greek writers were not troubled by artificial scruples against double negatives.

LESSON XXX
DEMONSTRATIVE PRONOUNS

The principal demonstrative pronouns are οὗτος and ἐκεῖνος, which are declined as follows:

οὗτος	αὕτη	τοῦτο	ἐκεῖνος	ἐκείνη	ἐκεῖνο
τούτου	ταύτης	τούτου	ἐκείνου	ἐκείνης	ἐκείνου
τούτῳ	ταύτῃ	τούτῳ	ἐκείνῳ	ἐκείνῃ	ἐκείνῳ
τοῦτον	ταύτην	τοῦτο	ἐκεῖνον	ἐκείνην	ἐκεῖνο
οὗτοι	αὗται	ταῦτα	ἐκεῖνοι	ἐκεῖναι	ἐκεῖνα
τούτων	τούτων	τούτων	ἐκείνων	ἐκείνων	ἐκείνων
τούτοις	ταύταις	τούτοις	ἐκείνοις	ἐκείναις	ἐκείνοις
τούτους	ταύτας	ταῦτα	ἐκείνους	ἐκείνας	ἐκεῖνα

SYNTAX

It is hard for English speaking students to remember that the article is used with Greek demonstratives. *This man* means οὗτος ὁ ἄνθρωπος.

PRACTICE

Transliterate the nouns in the following vocabulary.

VOCABULARY

ἀδελφή *sister*
ἄκανθα *thorn bush*
ἄλλος,η,ο *another, other*
βλασφημέω *blaspheme*
διαλογισμός *argument*
ἐκεῖνος,η,ον *that(one)*
ἔσωθεν *from inside*
Ἰουδαῖος *Jew*
καρδία *heart*
νυμφίος *groom*

ὅπου *where, wherever*
ὅσος,η,ον *as big as, as many as, as much as*
οὐδέποτε *never*
οὗτος,αὕτη,τοῦτο *this(one)*
οὕτω(ς)[1] *thus*
πόθεν *where from*
πονηρός,ή,όν *wicked, evil*
χρόνος *time*
ὧδε *here*

[1] Before consonants this word may drop the final sigma.

55

TRANSLATION

1. Ἐν ἐκείναις ταῖς ἡμέραις ἦλθεν Ἰησοῦς ἀπὸ Ναζαρὲτ τῆς Γαλιλαίας. 2. Τί οὗτος οὕτω λαλεῖ; βλασφημεῖ· τίς δύναται ἀφιέναι ἁμαρτίας εἰ μὴ εἷς ὁ θεός; 3. Τί ταῦτα διαλογίζεσθε ἐν ταῖς καρδίαις ὑμῶν; 4. Οὕτως οὐδέποτε εἴδαμεν. 5. Διὰ τί οἱ μαθηταὶ Ἰωάνου καὶ οἱ μαθηταὶ τῶν Φαρισαίων νηστεύουσιν, οἱ δὲ σοὶ μαθηταὶ οὐ νηστεύουσιν; 6. Ὅσον χρόνον ἔχουσιν τὸν νυμφίον μετ᾽ αὐτῶν οὐ δύναν- ται νηστεύειν. 7. Καὶ ἄλλοι εἰσὶν οἱ εἰς τὰς ἀκάνθας σπει- ρόμενοι. 8. Ἤρξατο διδάσκειν ἐν τῇ συναγωγῇ· καὶ οἱ πολλοὶ ἀκούοντες ἐξεπλήσσοντο λέγοντες Πόθεν τούτῳ ταῦτα; 9. Ἔσωθεν γὰρ ἐκ τῆς καρδίας τῶν ἀνθρώπων οἱ διαλογισμοὶ οἱ πονηροὶ ἐκπορεύονται. 10. Οὐ γάρ ἐστιν καλὸν λαβεῖν τὸν ἄρτον τῶν τέκνων καὶ τοῖς κυναρίοις βαλεῖν. 11. Οὗτοι δέ εἰσιν οἱ παρὰ τὴν ὁδὸν ὅπου σπείρε- ται ὁ λόγος. 12. Οὐχ οὗτός ἐστιν Ἰησοῦς ὁ υἱὸς τοῦ Ἰωσήφ; 13. Οὐκ εἰσὶν αἱ ἀδελφαὶ αὐτοῦ ὧδε πρὸς ἡμᾶς; 14. Ἦλθον εἰς Θεσσαλονίκην ὅπου ἦν συναγωγὴ τῶν Ἰουδαίων.

1. This man is upright. 2. These men are upright. 3. Those men are upright. 4. That upright man is not blaspheming. 5. Those upright men do not blaspheme.

LESSON XXXI
ΠΟΛΙΣ, ΙΧΘΥΣ, RESULT CLAUSES

Third declension stems in ι and υ are declined as follows:

ἡ πόλις	αἱ πόλεις	ὁ ἰχθύς	οἱ ἰχθύες
τῆς πόλεως	τῶν πόλεων	τοῦ ἰχθύος	τῶν ἰχθύων
τῇ πόλει	ταῖς πόλεσι(ν)	τῷ ἰχθύϊ	τοῖς ἰχθύσι(ν)
τὴν πόλιν	τὰς πόλεις	τὸν ἰχθύν	τοὺς ἰχθύας

Neuters of this type are very rare, and are foreign borrowings, e.g., σίναπι, which occurs in the New Testament only in the genitive singular, viz., σινάπεως.

Nouns in -ις are almost always feminine.

SYNTAX

a. Result is introduced by ὥστε, usually followed by the infinitive, e.g., ἐθεράπευσεν αὐτόν, ὥστε τὸν κωφὸν λαλεῖν; *he cured him, so the dumb man was talking.* Sometimes the indicative is used, e.g., Mk. ii. 28 and Gl. ii. 13.

b. The subject of the infinitive is usually in the accusative, as in the example in *a*.

PRACTICE

Transliterate the nouns in the vocabulary.

VOCABULARY

ἅπας,-ασα,-αν *whole, all*
γεμίζω *fill*
δύναμις,εως *power, miracle*
ἐκεῖ *there*, i.e., *in that place*
ἐπιβάλλω *put on, dash over*
ἰχθύς,ἰχθύος, ὁ, *fish*
κῦμα *wave*
μηκέτι *no longer*

πάντοθεν *from everywhere*
παράδοσις,εως *tradition*
πόλις,εως *city*
συνάγω(used intransitively in middle.) *assemble*
συζητέω *discuss, argue*
σωτήρ,-ῆρος *saviour*
ὥστε *so that*

57

TRANSLATION

1. Καὶ ἐθαύμασαν ἅπαντες, ὥστε συζητεῖν αὐτοὺς λέγοντας Τί ἐστιν τοῦτο; διδαχὴ καινή· κατ' ἐξουσίαν καὶ τοῖς πνεύμασι τοῖς ἀκαθάρτοις ἐπιτάσσει καὶ ὑπακούουσιν αὐτῷ. 2. Ὁ δὲ ἐξελθὼν ἤρξατο κηρύσσειν πολλὰ καὶ διαφημίζειν τὸν λόγον, ὥστε μηκέτι αὐτὸν δύνασθαι εἰς πόλιν εἰσελθεῖν ἀλλὰ ἔξω ἐπ' ἐρήμοις τόποις ἦν· καὶ ἤρχοντο πρὸς αὐτὸν πάντοθεν. 3. Καὶ συνάγεται πρὸς αὐτὸν ὄχλος, ὥστε αὐτὸν εἰς πλοῖον ἐμβάντα καθῆσθαι ἐν τῇ θαλάσσῃ καὶ ὁ ὄχλος πρὸς τὴν θάλασσαν ἐπὶ τῆς γῆς ἦσαν. 4. Καὶ τὰ κύματα ἐπέβαλλεν εἰς τὸ πλοῖον, ὥστε ἤδη γεμίζεσθαι τὸ πλοῖον. 5. Πόσους ἔχετε ἄρτους; Πέντε καὶ δύο ἰχθύας. 6. Καὶ οὐκ ἐδύνατο ἐκεῖ ποιῆσαι οὐδεμίαν δύναμιν. 7. Ἀφέντες τὴν ἐντολὴν τοῦ θεοῦ κρατεῖτε τὴν παράδοσιν τῶν ἀνθρώπων. 8. Τίνα με λέγουσιν οἱ ἄνθρωποι εἶναι; 9. Οἱ δὲ εἶπαν αὐτῷ λέγοντες ὅτι Ἰωάννην τὸν βαπτιστήν, καὶ ἄλλοι Ἡλείαν, ἄλλοι δὲ ὅτι εἷς τῶν προφητῶν. 10. Ῥαββί, καλόν ἐστιν ἡμᾶς ὧδε εἶναι.

1. The crowd is assembling from all sides, so the city is being filled. 2. Fish are coming in from all sides, so the boat is being filled. 3. He was performing a miracle, so they were surprised.

An Ancient Christian Acrostic

ΙΗΣΟΥΣ
ΧΡΙΣΤΟΣ
ΘΕΟΥ
ΥΙΟΣ
ΣΩΤΗΡ

LESSON XXXII
Indirect Discourse with the Infinitive
SYNTAX

Direct discourse, or quotation, is verbatim quotation. It is sometimes introduced by ὅτι.

Indirect quotation is the modification of the original words to conform to the structure of the sentence in which they are quoted, e.g.,

direct: λέγω Ἀγαθός ἐστιν, *I say, "He is good;"*

indirect: λέγω αὐτὸν ἀγαθὸν εἶναι, *I say he is good* i.e., *him to be good;*

direct: εἶπον Ἀγαθός ἐστιν, *I said, "He is good;"*

indirect: εἶπον αὐτὸν ἀγαθὸν εἶναι, *I said he was good.*

Observe in the last example that the Greek indirect quotation preserves the tense of the direct quotation.

The infinitive is only one of three kinds of indirect discourse in Greek.

THIRD DECLENSION

Greek words end in a vowel, or in one of the three consonants ν,ρ,ς. The same is true of the nominative singular of third declension nouns, except that none end in ε or ο. The third declension case endings are:

Singular		Plural	
M & F	N	M & F	N
ς	—	ες	α
ος(ους)		ων	
ι		σι	
α,ν	—	ας	α

PRACTICE
Transliterate the nouns in the vocabulary.

VOCABULARY

ἄγω, ἄξω, ἤγαγον lead, bring, go

ἀλέκτωρ,-ορος rooster

ἀνάγκη necessity, distress

ἀνάστασις,-εως resurrection

ἄρχων,-οντος ruler

δοκέω seem, seem good, think

εἰκών,όνος,ἡ picture

ἔνοχος, ον liable for a penalty, guilty of

ἐπιγραφή inscription

θάνατος death

ἱκανός, ή, όν enough, considerable, able, satisfactory, worthy

ἱμάς,-άντος,ὁ, strap

καῖσαρ,-αρος emperor

κατακρίνω condemn

κύπτω,ἔκυψα stoop

μή not (usually when the verb is not indicative)

νομίζω think

οὖν so, therefore, then

πίστις,εως faith

ὑπηρέτης servant, attendant

ὑπόδημα sandal, shoe

TRANSLATION

1. Καὶ εὐθὺς ἐκ δευτέρου[1] ἀλέκτωρ ἐφώνησεν. 2. Ἔλεγον ὅτι Βεεζεβοὺλ ἔχει καὶ ὅτι ἐν τῷ ἄρχοντι τῶν δαιμονίων ἐκβάλλει τὰ δαιμόνια. 3. Οὐκ εἰμὶ ἱκανὸς κύψας λῦσαι τὸν ἱμάντα τῶν ὑποδημάτων αὐτοῦ. 4. Τίνος ἡ εἰκὼν αὕτη καὶ ἡ ἐπιγραφή; 5. Οἱ δὲ εἶπαν αὐτῷ Καίσαρος. 6. Οἱ Σαδδουκαῖοι λέγουσιν Οὐκ ἔστιν ἀνάστασις. 7. Οἱ Σαδδουκαῖοι λέγουσιν ἀνάστασιν μὴ εἶναι. 8. Οἱ δὲ πάντες κατέκρινον αὐτὸν ἔνοχον εἶναι θανάτου. 9. Πάντες εἶπον Ἔνοχός ἐστι θανάτου. 10. Ὑμεῖς δὲ τίνα με λέγετε εἶναι; 11. Καὶ ἰδὼν ὁ Ἰησοῦς τὴν πίστιν αὐτῶν λέγει τῷ παραλυτικῷ Τέκνον, ἀφίενταί σου αἱ ἁμαρτίαι. 12. Ἦλθον οὖν οἱ ὑπηρέται πρὸς τοὺς Φαρισαίους, καὶ εἶπον αὐτοῖς Διὰ τί οὐκ ἠγάγετε αὐτόν; 13. Νομίζω οὖν τοῦτο καλὸν ὑπάρχειν

[1] See Idioms, p. 130.

διὰ τὴν ἀνάγκην. 14. Δοκῶ γὰρ κἀγὼ[1] πνεῦμα θεοῦ ἔχειν.
15. Ἔχω γὰρ κἀγὼ πνεῦμα θεοῦ. 16. Ἐγώ εἰμι τὸ Α καὶ τὸ
Ω λέγει Κύριος ὁ θεός, ὁ ὢν καὶ ὁ ἦν καὶ ὁ ἐρχόμενος.

1. I say, "The emperor is liable for a penalty."
2. They say, "The emperor was liable for a penalty."
3. We said, "The emperor was liable for a penalty."
4. We said the emperor was liable for a penalty.
5. You said the emperors were liable.

LESSON XXXIII
Neuters in -ΟΣ, Indirect Discourse with ΟΤΙ

The third declension has some important neuters in
os, which are declined as follows:

ἔθνος   ἔθνη
ἔθνους   ἐθνῶν
ἔθνει   ἔθνεσι

These are contract nouns, in which the ε of the stem
contracts with the following vowel.

SYNTAX

a. Both direct and indirect quotations are frequently
introduced with ὅτι. As in other forms of indirect
quotation the tense of the original statement is retain-
ed, even after past tenses. With ὅτι the original mood
is also retained, e.g., ἀλλ' ὅτε εἶδον ὅτι οὐκ ὀρθοποδοῦ-
σιν, *but when I saw they were not walking straight.*

b. A verb in the third person, with an infinitive for
its subject, is called impersonal, e.g., δεῖ ἐλθεῖν, *it is
necessary that there come.* The term is more correctly

[1] Crasis. See Appendix ii.11.d.

applied to a verb in the third person with an indefinite
subject, e.g., γέγραπται, *it is written.*

VOCABULARY

γαζοφυλάκιον *treasury*

δεῖ *it is necessary, it is
   fitting*

ἔθνος,τό, *nation, heathen*

ἐξηγέομαι *tell, explain*

λεπτόν *about one mill*

ὄρος,τό, *mountain, hill*

πλούσιος,ᾱ,ον *rich*

πτωχός,ή,όν *poor*

σημεῖον *sign*

σπέρμα *seed, posterity*

τέρας,-ατος, τό, *portent*

χαλκός *copper, bronze*

χήρα *widow*

ὡς *as, about, how*

PRACTICE

Transliterate the nouns in the second column of the
vocabulary.

TRANSLATION

1. Ἄλλοι δὲ ἔλεγον ὅτι Ἡλείας ἐστίν· ἄλλοι δὲ ἔλεγον
ὅτι προφήτης ὡς εἷς τῶν προφητῶν. 2. Καὶ διελογίζοντο
ὅτι ἄρτους οὐκ ἔχουσιν. 3. Καὶ λέγει αὐτοῖς Τί διαλογί-
ζεσθε ὅτι ἄρτους οὐκ ἔχετε; 4. Λέγουσιν ὅτι Ἠλίαν δεῖ
ἐλθεῖν πρῶτον. 5. Καὶ ἀκούσας ὅτι Ἰησοῦς ὁ Ναζαρηνός
ἐστιν, ἤρξατο κράζειν. 6. Ἤκουον Βαρναβᾶ καὶ Παύλου
ἐξηγουμένων ὅσα ἐποίησεν ὁ θεὸς σημεῖα καὶ τέρατα ἐν
τοῖς ἔθνεσιν. 7. Πῶς λέγουσιν ὅτι ὁ Χριστὸς υἱὸς Δαυίδ
ἐστιν; 8. Ἐθεώρει πῶς ὁ ὄχλος βάλλει χαλκὸν εἰς τὸ
γαζοφυλάκιον· καὶ πολλοὶ πλούσιοι ἔβαλλον πολλά·
καὶ ἐλθοῦσα μία χήρα πτωχὴ ἔβαλεν λεπτὰ δύο. 9. Ἐκ τοῦ
ὄχλου οὖν ἀκούσαντες τῶν λόγων τούτων ἔλεγον Οὗτός
ἐστιν ὁ χριστός· οἱ δὲ ἔλεγον Ἐκ τῆς Γαλιλαίας ὁ χριστός
ἔρχεται; οὐχ ἡ γραφὴ εἶπεν ὅτι ἐκ τοῦ σπέρματος Δαυίδ,
καὶ ἀπὸ Βηθλεὲμ τῆς κώμης ὅπου ἦν Δαυίδ, ἔρχεται ὁ

χριστός; 10. Καὶ ἀναβαίνει εἰς τὸ ὄρος καὶ προσκαλεῖται τοὺς μαθητάς. 11. Ἐποίησεν ἐξ ἑνὸς πᾶν ἔθνος ἀνθρώπων.

1. Simon said , "You are the Christ." 2. Simon said Jesus was the Christ. 3. Simon said Jesus was on the mountain. 4. Simon said Jesus was going up into the mountain. 5. Simon says Jesus is going up into the mountain.

LESSON XXXIV
FEMININES IN -ΙΣ
INDIRECT DISCOURSE WITH PARTICIPLES

Nouns ending in -ις are, with rare exceptions, feminine. Some are declined like πόλις, Lesson xxxi, and others as follows:

πατρίς	πατρίδες	χάρις	χάριτες
πατρίδος	πατρίδων	χάριτος	χαρίτων
πατρίδι	πατρίσι	χάριτι	χάρισι
πατρίδα	πατρίδας	χάριν	χάριτας

SYNTAX

a. Verbs of perception and knowing sometimes take a participle in indirect discourse, e.g., θεωροῦντος κατείδωλον οὖσαν τὴν πόλιν, *seeing that the city was extremely idolatrous.*

b. Verbs of perception often take participial clauses that are not in indirect discourse, e.g., βλέπει τὸν Ἰησοῦν ἐρχόμενον, *he sees Jesus coming.* This is not quite the same as *he sees that Jesus is coming.*

c. Some verbs of perception and bodily contact, such as ἀκούω, ἅπτομαι, γεύομαι, take objects in the genitive, e.g., οὐδεὶς γεύσεταί μου τοῦ δείπνου, *no one shall taste my supper.*

d. Ἀκούω regularly takes the genitive of the person and the accusative of the thing, e.g., ὁ ἀκούων ὑμῶν, *the one who listens to you;* ὁ τὸν λόγον ἀκούων, *the one who listens to the word.*

PRACTICE

Transliterate the last five nouns of the vocabulary.

VOCABULARY

ἀγέλη *herd*
ἄτιμος,ον *without honor*
βόσκω *tend, feed, eat*
γενεά *generation*
ἔσχατος,η,ον *last*
καταλύω *destroy*
μετέχω *share*
ναός *temple*
ὁμολογέω   *acknowledge, confess*

ὀψέ *late, in the evening*
πατρίς,-ίδος *home town*
περιβλέπομαι *look around, survey*
πλάνος *deceiver*
σῶμα (*human*)*body*
τέκτων,-ονος *carpenter*
χάρις, -ιτος *grace, favor, gratitude, on account of*
χοῖρος *pig*

TRANSLATION

1. Πολλοὶ πλάνοι ἐξῆλθαν οἱ μὴ ὁμολογοῦντες Ἰησοῦν Χριστὸν ἐρχόμενον. 2. Λέγει ἡμῖν ὁ Κύριος Οὗτός ἐστιν ὁ τόπος τῶν ἀδελφῶν ὑμῶν τῶν δικαίων ἀνθρώπων. 3. Σὺ πιστεύεις ὅτι εἷς ὁ θεός ἐστιν. 4. Καὶ εἰσελθοῦσα εἰς τὸ μνημεῖον εἶδεν νεανίσκον καθήμενον. 5. Ἡμεῖς ἠκούσαμεν αὐτοῦ λέγοντος Ἐγὼ καταλύσω τὸν ναὸν τοῦτον. 6. Καὶ ἔρχονται πρὸς τὸν Ἰησοῦν καὶ θεωροῦσιν τὸν δαιμονιζόμενον καθήμενον. 7. Ἦν δὲ ἐκεῖ πρὸς τῷ ὄρει ἀγέλη χοίρων μεγάλη βοσκομένη. 8. Καὶ ἐξελθόντα τὰ πνεύματα τὰ ἀκάθαρτα εἰσῆλθον εἰς τοὺς χοίρους. 9. Οὐχ οὗτός ἐστιν ὁ

τέκτων ὁ υἱὸς τῆς Μαρίας; 10. Ἦσαν γὰρ οἱ ἐρχόμενοι καὶ οἱ ὑπάγοντες πολλοί. 11. Τί ἡ γενεὰ αὕτη ζητεῖ σημεῖον; 12. Ἓν σῶμα οἱ πολλοί ἐσμεν, οἱ γὰρ πάντες ἐκ τοῦ ἑνὸς ἄρτου μετέχομεν. 13. Πολλοὶ δὲ ἔσονται[1] πρῶτοι ἔσχατοι καὶ ἔσχατοι πρῶτοι. 14. Καὶ περιβλεψάμενος πάντα, ὀψὲ ἤδη οὔσης[2] τῆς ὥρας ἐξῆλθεν εἰς Βηθανίαν μετὰ τῶν δώδεκα. 15. Ἡ χάρις τοῦ Κυρίου Ἰησοῦ Χριστοῦ μετὰ τοῦ πνεύματος ὑμῶν. 16. Οὐκ ἔστιν προφήτης ἄτιμος εἰ μὴ ἐν τῇ πατρίδι αὐτοῦ.

1. I saw you coming. 2. They saw the herd coming. 3. I see this generation coming. 4. I see this generation destroying us. 5. I see this generation being destroyed.

LESSON XXXV
Subjunctive Mood
Exhortation and Purpose

"Mood expresses the degree of reality felt by the speaker."[3] The indicative mood expresses the highest degree of reality, while the subjunctive expresses a lesser, e.g., λύσομεν, *we shall loosen;* λύσωμεν, *shall we loosen?* or *let us loosen!*

The subjunctive of εἰμί is as follows: (Note the lengthened theme vowels, the distinctive mark of the subjunctive.)

ὦ	ὦμεν
ᾖς	ἦτε
ᾖ	ὦσι(ν)

[1] See Appendix iii, 34.
[2] See under Declension, p. 43.
[3] Statement made to a class by Dr. Edward Sapir.

The subjunctive of the regular verb is formed, in the active voice, by adding the subjunctive of εἰμί to whichever stem of the verb is being conjugated. The middle voice forms the subjunctive by lengthening the theme vowel. The present and aorist subjunctives of λύω are as follows:

PRESENT		AORIST	
	Active		
λύω	λύωμεν	λύσω	λύσωμεν
λύῃς	λύητε	λύσῃς	λύσητε
λύῃ	λύωσι(ν)	λύσῃ	λύσωσι(ν)
Middle & *Passive*		*Middle*	
λύωμαι	λυώμεθα	λύσωμαι	λυσώμεθα
λύῃ	λύησθε	λύσῃ	λύσησθε
λύηται	λύωνται	λύσηται	λύσωνται

SYNTAX
THREE USES OF THE SUBJUNCTIVE

a. In the first person the subjunctive performs the function of the imperative, e.g., λύσωμεν, *let us loosen.*

b. Prohibition may be expressed by μή with the aorist subjunctive, e.g., μή με βασανίσῃς, *don't torture me.*

c. Purpose is expressed by ἵνα with the subjunctive, e.g., ἐποίησεν δώδεκα ἵνα ὦσιν μετ' αὐτοῦ, *he appointed twelve to be with him.*

N.B. The subjunctive is not used for past time.

PRACTICE

Write out the aorist active subjunctive of ἀκούω.

Remember that augments occur only in the indicative.

VOCABULARY

ἀγοράζω, ἀγοράσω *buy*

ἀγρεύω *catch*

ἀμπελών,-ῶνος, ὁ, *vineyard*

ἀποκτείνω *kill*

ἀπολλύω, ἀπολέσω, *destroy*

ἀποστερέω *cheat*

ἄρωμα *spice*

δεῦτε *come*

ἵνα *to, that, so (in order that)*

καιρός *time, season (*usually definite)

κλέπτω *steal*

κληρονομία *inheritance*

κληρονόμος *heir*

μοιχεύω *commit adultery*

προσφέρω *bring to, offer*

σκηνή *tent*

φονεύω *murder*

ψευδομαρτυρέω *give false testimony*

TRANSLATION

1. Καὶ προσέφερον αὐτῷ παιδία ἵνα αὐτῶν ἅψηται.
2. Ἀποστέλλει πρὸς τοὺς γεωργοὺς τῷ καιρῷ δοῦλον, ἵνα παρὰ τῶν γεωργῶν λάβῃ ἀπὸ τῶν καρπῶν τοῦ ἀμπελῶνος.
3. Καὶ ἀποστέλλουσιν πρὸς αὐτόν τινας τῶν Φαρισαίων καὶ ἀπὸ τῶν Ἡρῳδιανῶν ἵνα αὐτὸν ἀγρεύσωσιν λόγῳ.
4. Ἀκούσωμεν τοῦ ἁγίου εὐαγγελίου. 5. Καὶ ὁ Πέτρος λέγει Ῥαββί, καλόν ἐστιν ἡμᾶς ὧδε εἶναι, καὶ ποιήσωμεν τρεῖς σκηνάς, σοὶ μίαν καὶ Μωϋσῇ μίαν καὶ Ἠλίᾳ μίαν.
6. Οὐ πιστεύεις ὅτι εἷς ἐστιν ὁ θεός; 7. Μὴ φονεύσῃς, Μὴ μοιχεύσῃς, Μὴ κλέψῃς, Μὴ ψευδομαρτυρήσῃς, Μὴ ἀποστερήσῃς. 8. Καὶ ἀπέστειλεν αὐτὸν εἰς οἶκον αὐτοῦ λέγων Μηδὲ εἰς τὴν κώμην εἰσέλθῃς. 9. Ἐκεῖνοι δὲ οἱ γεωργοὶ εἶπαν ὅτι Οὗτός ἐστιν ὁ κληρονόμος· δεῦτε ἀποκτείνωμεν αὐτόν, καὶ ἡμῶν ἔσται ἡ κληρονομία. καὶ λαβόντες ἀπέκτειναν αὐτόν, καὶ ἐξέβαλον αὐτὸν ἔξω τοῦ ἀμπελῶνος. τί ποιήσει ὁ κύριος τοῦ ἀμπελῶνος; ἐλεύσεται καὶ ἀπολέσει τοὺς γεωργούς. 10. Ἡ Μαρία ἡ Μαγδαληνὴ καὶ Μαρία ἡ

τοῦ Ἰακώβου καὶ Σαλώμη ἠγόρασαν ἀρώματα ἵνα ἀλείψωσιν αὐτόν.

Use the aorist subjunctive in these sentences.

1. Let us prepare a tent. 2. Let us prepare three tents. 3. Don't prepare a tent! 4. Let us send to the vinyard to get some fruit.

LESSON XXXVI

Relative Pronoun, Question of Appeal

The Greek and English relative pronouns are declined as follows:

ὅς	ἥ	ὅ	οἵ	αἵ	ἅ	*who, which*
οὗ	ἧς	οὗ	ὧν	ὧν	ὧν	*whose, of which*
ᾧ	ᾗ	ᾧ	οἷς	αἷς	οἷς	*whom, which*
ὅν	ἥν	ὅ	οὕς	ἅς	ἅ	

Note that o is a distinctive ending in the neuter singular of all pronouns of three endings.

Consult page 128 for identification tags.

SYNTAX

a. A relative pronoun agrees with its antecedent in gender and number, but its case is determined by its function in the subordinate clause. See sentence 12, below, for two illustrations.

b. A question of appeal is sometimes in the subjunctive. It is usually in the first person plural. e.g., ἀπελθόντες ἀγοράσωμεν; *shall we go and buy?*

PRACTICE

Transliterate the nouns in the vocabulary.

αἰώνιος,ον *eternal*

ἀπάγω *lead away*

διδάσκαλος *teacher*

ἔσω *inside*

κακός,ή,όν *bad*

κληρονομέω *inherit*

κοδράντης *quadrans, cent*

μεθερμηνεύω *translate*

μηδείς, μηδεμία, μηδέν *no one, nothing*

μικρός,ά,όν *little*

μισέω *hate*

ὅς,ἥ,ὅ *who, which, that, what*

οὔπω *not yet*

πίνω,πίομαι,ἔπιον *drink*

ποτήριον *wine cup*

πραιτώριον *pretorium*

πῶλος *colt, horse*

στρατιώτης *soldier*

TRANSLATION

1. Καὶ ἐποίησεν δώδεκα, οὓς καὶ ἀποστόλους ὠνόμασεν, ἵνα ὦσιν μετ᾽ αὐτοῦ, καὶ ἵνα ἀποστέλλῃ αὐτοὺς κηρύσσειν καὶ ἔχειν ἐξουσίαν ἐκβάλλειν τὰ δαιμόνια. 2. Ὃς γὰρ οὐκ ἔστιν καθ᾽ ἡμῶν, ὑπὲρ ἡμῶν ἐστιν. 3. Καὶ ἐλθοῦσα μία χήρα πτωχὴ ἔβαλεν λεπτὰ δύο, ὅ ἐστιν κοδράντης. 4. Διδάσκαλε ἀγαθέ, τί ποιήσω ἵνα ζωὴν αἰώνιον κληρονομήσω; 5. Δύνασθε πίνειν τὸ ποτήριον ὃ ἐγὼ πίνω; 6. Τὸ ποτήριον ὃ ἐγὼ πίνω πίεσθε. 7. Εὐθὺς εἰσπορευόμενοι εἰς τὴν κώμην εὑρήσετε πῶλον ἐφ᾽ ὃν οὐδεὶς οὔπω ἀνθρώπων ἐκάθησεν. 8. Ὁ δὲ Πειλᾶτος πάλιν ἔλεγεν αὐτοῖς, Τί οὖν ποιήσω; 9. Οἱ δὲ στρατιῶται ἀπήγαγον αὐτὸν ἔσω τῆς αὐλῆς, ὅ ἐστιν πραιτώριον. 10. Ὁ δὲ Πιλᾶτος ἔλεγεν αὐτοῖς Τί γὰρ ἐποίησεν κακόν; 11. Καὶ φέρουσιν αὐτὸν ἐπὶ τὸν Γολγοθὰν τόπον ὅ ἐστιν μεθερμηνευόμενος Κρανίου τόπος. 12. Ἦσαν δέ τινες θεωροῦσαι, ἐν αἷς καὶ Μαριὰμ ἡ Μαγδαληνὴ καὶ Μαρία ἡ Ἰακώβου τοῦ μικροῦ, αἳ ὅτε ἦν ἐν τῇ Γαλιλαίᾳ ἠκολούθουν αὐτῷ. 13. Καὶ ἐξελθοῦσαι ἔφυγον ἀπὸ τοῦ μνημείου, καὶ οὐδενὶ οὐδὲν εἶπαν, ἐφοβοῦντο γάρ 14. Ὃ μισεῖς μηδενὶ ποιήσῃς.

1. This is the skull that I inherited. 2. You are the soldier at whom I was looking. 3. You are the soldier who saw me. 4. That is the soldier who saw me. 5. This is the courtyard in which Jesus was.

LESSON XXXVII
Conditional Sentences

Conditional sentences are complex sentences in which the subordinate clause begins with *if*, e.g., *if anyone wishes, he will be;* εἴ τις θέλει, ἔσται.

The subordinate clause is called *protasis, condition,* or *if clause;* the main clause is called *apodosis,* or *conclusion.*

New Testament Greek has two words for *if*: εἰ and ἐάν. Ἐάν gradually usurped the functions of εἰ until εἰ ceased to be a part of the living language, except in the phrase εἰ μή. This process was going on at the time of the writing of the New Testament, so its use of these two particles is not entirely consistent. The following usages, however, must be noted.

SYNTAX

a. Ἐάν is never used for past time, and is almost always used with the subjunctive.

b. Εἰ is usually used with the present or past indicative, e.g., εἰ ὁ δίκαιος μόλις σώζεται, ὁ ἀσεβὴς καὶ ἁμαρτωλὸς ποῦ φανεῖται; *if the upright are barely saved, what will become of the irreligious and sinful?*

b. Ἐάν is used with the present or aorist subjunctive, e.g., ἐὰν παρακούσῃς, ἄλλοθεν βοήθεια ἔσται; *if you pretend not to hear, there will be help from somewhere else.*

The aor. subj. is used mostly for future time.

c. When the speaker assumes the apodosis is not true, the particle ἄν is used in the apodosis and εἰ in the protasis, e.g., εἰ γὰρ ἐπιστεύετε Μωϋσεῖ, ἐπιστεύετε ἂν ἐμοί; *for if you believed Moses, you would believe me.*

d. As in the last example, unreal or contrary to fact conditions express present time with the imperfect. For past time they use the aorist.

VOCABULARY

ἄν. a particle expressing contingency, *might, could, would, -ever*

ἀποθνήσκω, ἀποθανοῦμαι, ἀπέθανον *die*

δέω. ἔδησα *bind*

διάκονος *servant*

διαρπάζω *plunder*

δῶρον *gift*

ἐάν *if*

ἐρέω, see λέγω

καθαρίζω *cleanse*

καθίζω *seat, sit*

καταφιλέω *kiss affectionately*

λῃστής *bandit*

οὐκέτι *no longer*

προσεύχομαι *pray*

σκεῦος,τὸ, *utensil,property*

συλλαμβάνω *arrest*

τότε *at that time*

TRANSLATION

1. Καὶ ἔρχεται πρὸς αὐτὸν λεπρὸς παρακαλῶν αὐτὸν λέγων αὐτῷ ὅτι Ἐὰν θέλῃς δύνασαί με καθαρίσαι. 2. Ἀλλ' οὐ δύναται οὐδεὶς εἰς τὴν οἰκίαν τοῦ ἰσχυροῦ εἰσελθὼν τὰ σκεύη αὐτοῦ διαρπάσαι ἐὰν μὴ πρῶτον τὸν ἰσχυρὸν δήσῃ, καὶ τότε τὴν οἰκίαν αὐτοῦ διαρπάσει. 3. Ἐὰν εἴπῃ ἄνθρωπος Κορβάν, ὅ ἐστιν Δῶρον, οὐκέτι ἀφίετε αὐτὸν οὐδὲν ποιῆσαι. 4. Καὶ καθίσας ἐφώνησεν τοὺς δώδεκα καὶ λέγει αὐτοῖς Εἴ τις θέλει πρῶτος εἶναι ἔσται πάντων ἔσχατος καὶ πάντων διάκονος. 5. Καὶ διελογίζοντο λέγοντες Ἐὰν εἴπωμεν Ἐξ οὐρανοῦ, ἐρεῖ Διὰ τί οὐκ ἐπιστεύσατε αὐτῷ;

6. Εἶπεν ἡ Μάρθα Κύριε, εἰ ἦς ὧδε, οὐκ ἂν ἀπέθανεν ὁ ἀδελφός μου. 7. Καὶ ἔρχεται καὶ εὑρίσκει αὐτοὺς καθεύδοντας. καὶ λέγει τῷ Πέτρῳ Σίμων, καθεύδεις; 8. Καὶ πάλιν ἀπελθὼν προσηύξατο καὶ πάλιν ἐλθὼν εὗρεν αὐτοὺς καθεύδοντας. 9. Καὶ ἐλθὼν εὐθὺς προσελθὼν αὐτῷ λέγει Ῥαββί, καὶ κατεφίλησεν αὐτόν. 10. Ὡς ἐπὶ λῃστὴν ἐξήλθατε συλλαβεῖν με; 11. Καθ᾽ ἡμέραν[1] ἤμην ἐν τῷ ἱερῷ διδάσκων καὶ οὐκ ἐκρατήσατέ με. 12. Καὶ σὺ μετὰ τοῦ Ναζαρηνοῦ ἦσθα τοῦ Ἰησοῦ.

Use the aorist subjunctive in the future conditions.

1. If I come I shall speak to you. 2. If you had come I should have arrested you. 3. If you come you will speak to me. 4. If I had come you would have spoken to me.

LESSON XXXVIII
Passive Forms, Quasi Conditional Clauses

The future and aorist have special passive forms, which are as follows:

	FUTURE		AORIST	
Ind.	λυθήσομαι	λυθησόμεθα	ἐλύθην	ἐλύθημεν
	λυθήσῃ	λυθήσεσθε	ἐλύθης	ἐλύθητε
	λυθήσεται	λυθήσονται	ἐλύθη	ἐλύθησαν
Sub.			λυθῶ	λυθῶμεν
			λυθῇς	λυθῆτε
			λυθῇ	λυθῶσι(ν)
Inf.	λυθήσεσθαι		λυθῆναι	
Ptc.	λυθησόμενος,η,ον		λυθείς,εῖσα,έν	

[1] Idiom meaning *day by day* or *every day*.

All first aorist passive forms have θη or θει.

Qualifications introduced by words with such meanings as *whenever, wherever, whoever,* and *however* are expressed in subordinate clauses much like conditional clauses. In Κοινή this class of constructions was unstable. The expressions with ἄν, such as ὅταν, ὅπου ἄν, ὃς ἄν, and ὅπως ἄν (meaning respectively *whenever, wherever, whoever, however*) were not only holding their own, but were driving out the parallel forms without ἄν, i.e., ὅτε, ὅπου, ὅς, and ὅπως, in clauses of this type. In general it may be stated that the forms without ἄν were still being used to express past action and present truths, or facts. The forms with ἄν were used in expressing anticipated action and, in general, present or future action about which the speaker was less certain.

b. The expressions without ἄν take the indicative; those with ἄν usually take the subjunctive, but were occasionally taking the indicative.

In rare cases ἄν is omitted with the subjunctive.

c. Some verbs take two accusatives, one of the person, the other of the thing, e.g., ἐξέδυσαν αὐτὸν τὰ ἱμάτια, *they took his clothes off him.*

Write out the full declension of the aorist passive participle, on the basis of the nominatives given above, and of the following genitive singulars: λυθέντος, λυθείσης, λυθέντος.

VOCABULARY

δύνω(δύω) *sink*

ἐγγίζω *approach*

ἐκδύω *take off*

ἐλαία *olive tree*

ἐμπαίζω, ἐνέπαιξα, (τινί) *make fun of*

ἐνδιδύσκω (τινά τι) *put (clothes) on*

ἐπαισχύνομαι *be ashamed*

εὖ *well*

ἥλιος *sun*

ὅταν *when, whenever*

ὅτε *when*

πάντοτε *always*

πορφύρα *red cloak, scarlet*

TRANSLATION

1. Καὶ εἰσπορεύεται ὅπου ἦν τὸ παιδίον. 2. Καὶ ὁ υἱὸς τοῦ ἀνθρώπου ἐπαισχυνθήσεται αὐτὸν ὅταν ἔλθῃ ἐν δόξῃ μετὰ τῶν ἀγγέλων τῶν ἁγίων. 3. Καὶ ὃς ἂν θέλῃ ἐν ὑμῖν εἶναι πρῶτος ἔσται πάντων δοῦλος· καὶ γὰρ[1] ὁ υἱὸς τοῦ ἀνθρώπου οὐκ ἦλθεν διακονηθῆναι ἀλλὰ διακονῆσαι. 4. Καὶ ὅτε ἐγγίζουσιν εἰς Ἰεροσόλυμα εἰς Βηθφαγὴ καὶ Βηθανίαν πρὸς τὸ Ὄρος τῶν Ἐλαιῶν, ἀποστέλλει δύο τῶν μαθητῶν αὐτοῦ. 5. Πάντοτε γὰρ τοὺς πτωχοὺς ἔχετε, καὶ ὅταν θέλητε δύνασθε αὐτοῖς εὖ ποιῆσαι, ἐμὲ δὲ οὐ πάντοτε ἔχετε. 6. Εἰ καὶ πάντες σκανδαλισθήσονται, ἀλλ᾽ οὐκ ἐγώ. 7. Καὶ ὅτε ἐνέπαιξαν αὐτῷ, ἐξέδυσαν αὐτὸν τὴν πορφύραν καὶ ἐνέδυσαν αὐτὸν τὰ ἱμάτια αὐτοῦ. 8. Ὅτε ἔδυσεν ὁ ἥλιος, ἔφερον πρὸς αὐτὸν πάντας τοὺς κακῶς ἔχοντας καὶ τοὺς δαιμονιζομένους. 9. Οὗτοι δέ εἰσιν οἱ παρὰ τὴν ὁδὸν ὅπου σπείρεται ὁ λόγος, καὶ ὅταν ἀκούσωσιν εὐθὺς ἔρχεται ὁ Σατανᾶς καὶ αἴρει τὸν λόγον. 10. Καὶ εὐθὺς ἀναβαίνων ἐκ τοῦ ποταμοῦ εἶδεν σχιζομένους τοὺς οὐρανοὺς καὶ τὸ πνεῦμα ὡς περιστερὰν καταβαῖνον εἰς αὐτόν. 11. Φωνὴ ἐν Ῥαμὰ ἠκούσθη.

[1] Idiom meaning *for indeed.*

1. When he came he set me free. (Use λύω) 2. When he came I was freed. 3. I shall set him free when I come. 4. He will be freed when I come.

LESSON XXXIX
THE PERFECT TENSE

The perfect tense refers to action now complete. Its relation to other aspects of the verb is illustrated in the following table.

Present: ἀποθνήσκει, *he is dying.*

Imperfect: ἀπέθνησκε, *he was dying.*

Aorist: ἀπέθανε, *he died.*

Perfect: τέθνηκε, *he is dead.*

In many verbs it is hard to distinguish any difference in meaning between the perfect and aorist, especially in the active voice. In the passive the distinction is easier. This is no doubt partly the reason that, in popular speech, the perfect did not survive, except in the passive participle.

REDUPLICATION

The perfective stem of the regular verb is formed by reduplication, e.g., the perfect of λύω is λέλυκα. Verbs begining with a single consonant reduplicate by prefixing a syllable whose first letter is the initial consonant of the stem, and whose second letter is ε. Verbs beginning with vowels or double consonants usually form the perfect with an augment, e.g., ἐγγίζω, ἤγγικα; στέλλω, ἔσταλκα. However verbs beginning with a so-called 'mute' and a liquid (See App. II, 2 and 8.) reduplicate in the more common way, e.g., γράφω, γέγραφα.

FIRST AND SECOND PERFECT

The regular ending of the first perfect indicative active is -κα. Second perfects do not have the κ.

The perfect of λύω is conjugated as follows:

INDICATIVE

Active		*Middle* & *Passive*	
λέλυκα	λελύκαμεν	λέλυμαι	λελύμεθα
λέλυκας	λελύκατε	λέλυσαι	λέλυσθε
λέλυκε	λελύκασι(ν)	λέλυται	λέλυνται

INFINITIVE

λελυκέναι   λελύσθαι

PARTICIPLE

λελυκώς,-υῖα,-ός   λελυμένος,-η,-ον

Note that the perfect middle is athematic, i.e., has no connecting vowel.

The declension of the perfect active participle is as follows:

λελυκώς	λελυκυῖα	λελυκός
λελυκότος	λελυκυίας	λελυκότος
λελυκότι	λελυκυίᾳ	λελυκότι
λελυκότα	λελυκυῖαν	λελυκός
λελυκότες	λελυκυῖαι	λελυκότα
λελυκότων	λελυκυιῶν	λελυκότων
λελυκόσι(ν)	λελυκυίαις	λελυκόσι(ν)
λελυκότας	λελυκυίας	λελυκότα

The identification tags of the perfect participle are: -ώς, -ότο, -υια.

Stems ending in π,β,φ,τ,δ,θ,κ,γ, or χ undergo certain changes in the perfect middle, the final consonant being modified to fit the personal ending, e.g., κηρύσσω, whose perfect stem ends in κ, has the following forms:

κεκήρυγμαι   κεκηρύγμεθα
κεκήρυξαι   κεκήρυχθε
κεκήρυκται   κεκηρυγμένοι εἰσί

Note that the third person plural is analytic.
See Appendix ii.2, for the consonants called *labials,*
dentals, and *palatals.*

VOCABULARY

ἀνακυλίω   *roll back*
ἀποκυλίω   *roll away*
ἄφεσις,-εως   *forgiveness*
δέχομαι   *accept, welcome*
θύρα   *door*
καθώς   *just as*
κατασκευάζω   *get ready,
build*
κλίνη   *bed*
λατομέω   *cut (stone)*
λίθος   *stone*
μετρέω   *measure*
μέτρον   *measure*

παρασκευή   *Friday (pre-
paration day)*
πέτρα   *rock*
προσάββατον   *the day be-
fore Sabbath*
προσκυλίω   *roll up to*
σπήλαιον   *cave*
σφόδρα   *very*
σώζω,ἔσωσα   *save, cure*
τοιοῦτος, τοιαύτη, τοιοῦτο
such, such a
φιλέω   *love, kiss*

TRANSLATION

1. ΑΡΧΗ τοῦ εὐαγγελίου Ἰησοῦ Χριστοῦ.
Καθὼς γέγραπται ἐν τῷ Ἡσαΐᾳ τῷ προφήτῃ
Ἰδοὺ ἀποστέλλω τὸν ἄγγελόν μου πρὸ προσώπου σου.
Ὃς κατασκευάσει τὴν ὁδόν σου.

2. Καὶ ὅσοι ἂν ἥψαντο αὐτοῦ ἐσῴζοντο. 3. Ὃς ἂν ἓν τῶν
τοιούτων παιδίων δέξηται ἐπὶ τῷ ὀνόματί μου ἐμὲ δέχεται.
4. Ἐν ᾧ μέτρῳ μετρεῖτε μετρηθήσεται ὑμῖν. 5. Ὁ οἶκός
μου οἶκος προσευχῆς· ὑμεῖς δὲ πεποιήκατε αὐτὸν σπήλαιον
λῃστῶν. 6. Ὃν ἂν φιλήσω αὐτός ἐστιν. 7. Τὸ μνημεῖον ἦν
λελατομημένον ἐκ πέτρας, καὶ προσεκύλισεν λίθον ἐπὶ τὴν

θύραν τοῦ μνημείου. 8. Καὶ ἔλεγον Τίς ἀποκυλίσει ἡμῖν τὸν λίθον ἐκ τῆς θύρας τοῦ μνημείου; 9. Καὶ ἀναβλέψασαι θεωροῦσιν ὅτι ἀνακεκύλισται ὁ λίθος, ἦν γὰρ μέγας σφόδρα. 10. Ἦν παρασκευὴ ὅ ἐστιν προσάββατον. 11. Ὃς ἂν βλασφημήσῃ εἰς τὸ πνεῦμα τὸ ἅγιον, οὐκ ἔχει ἄφεσιν. 12. Ὃς ἂν ποιήσῃ τὸ θέλημα τοῦ θεοῦ, οὗτος ἀδελφός μου καὶ ἀδελφή ἐστιν. 13. Καὶ ἀπελθοῦσα εἰς τὸν οἶκον αὐτῆς εὗρεν τὸ παιδίον βεβλημένον ἐπὶ τὴν κλίνην.

1. He dismissed her. 2. He is dismissing her. 3. She is being dismissed. 4. She was dismissed. 5. She is dismissed. 6. She will dismiss him. 7. They were being dismissed. 8. They were dismissed.

LESSON XL
The Imperative

The only tenses of the imperative commonly used are the present and the aorist, which are conjugated as follows:

PRESENT

	Active	*Middle and Passive*
2.	λῦε[1] be(thou)loosening	λύου
3.	λυέτω let him be loosening	λυέσθω
2.	λύετε be (ye) loosening	λύεσθε
3.	λυέτωσαν let them be loosening	λυέσθωσαν

AORIST

	Active	*Middle*	*Passive*
2.	λῦσον[1]	λῦσαι[1]	λύθητι
3.	λυσάτω	λυσάσθω	λυθήτω
2.	λύσατε	λύσασθε	λύθητε
3.	λυσάτωσαν	λυσάσθωσαν	λυθήτωσαν

[1] Recessive accent, e.g., κατάλυε, ἀπόλυσον, πρόσευξαι; but infinitive ἀπολῦσαι.

Second aorist endings are the same as the present.
Εἰμί has only the present imperative, as follows:

2. ἴσθι   ἔσεσθε
3. ἔστω   ἔστωσαν

Note especially the distinctive endings τω, τωσαν, θι;
found only in the imperative.

SYNTAX

a. The commonest use of the imperative is in direct
commands in the second person, e.g., φεῦγε εἰς Αἴγυπ-
τον, *be fleeing to Egypt;* λῦσον τοὺς τέσσαρας ἀγγέλους,
release the four angels.

b. For two constructions in which the subjunctive is
used instead of the imperative. See under Syntax in
Lesson xxxv.

c. A command to cease an activity is usually in the
present imperative with μή, e.g., μὴ φοβοῦ, *don't be
afraid.* Prohibition may be in the aorist imperative,
e.g., μηδὲ εἰσελθάτω, *neither let him go in.*

d. The accusative is often used adverbially to express
manner, measure, what is sworn by in oaths, etc., e.g.,
ὁρκίζω σε τὸν θεόν, *I charge you by God.*

VOCABULARY

ἁγιάζω *sanctify*
ἄλαλος,ον *dumb*
ἀλλαχοῦ *elsewhere*
ἄπιστος,ον *unbelieving*
κακολογέω *slander*
κωλύω *prevent, hinder*
κωμόπολις,-εως *city with village status*
κωφός,ή,όν *deaf, dumb*

ὀπίσω *behind*
ὁρκίζω *adjure*
πέμπω *send*
ῥύομαι *rescue*
ταχύ *quickly, right away*
φρονέω *think*
χοῖρος *pig*
χωρίζω *separate*

TRANSLATION

1. Καὶ λέγει αὐτοῖς Ἄγωμεν ἀλλαχοῦ εἰς τὰς ἐχομένας[1] κωμοπόλεις ἵνα καὶ ἐκεῖ κηρύξω, εἰς γὰρ τοῦτο ἐξῆλθον. 2. Ἁγιασθήτω τὸ ὄνομά σου. 3. Ἐλθάτω ἡ βασιλεία σου. 4. Ῥῦσαι ἡμᾶς ἀπὸ τοῦ πονηροῦ. 5. Καὶ κράξας φωνῇ μεγάλῃ λέγει Τί ἐμοὶ καὶ σοί, Ἰησοῦ υἱὲ τοῦ θεοῦ; ὁρκίζω σε τὸν θεόν, μή με βασανίσῃς. 6. Ἔλεγεν γὰρ αὐτῷ Ἔξελθε τὸ πνεῦμα τὸ ἀκάθαρτον ἐκ τοῦ ἀνθρώπου. 7. Καὶ λέγει αὐτῷ Λεγιὼν ὄνομά μοι, ὅτι πολλοί ἐσμεν. 8. Καὶ παρεκάλεσαν αὐτὸν λέγοντες Πέμψον ἡμᾶς εἰς τοὺς χοίρους, ἵνα εἰς αὐτοὺς εἰσέλθωμεν· καὶ ἐπέτρεψεν αὐτοῖς. 9. Αἴτησόν με ὃ ἂν θέλῃς. 10. Ὕπαγε ὀπίσω μου Σατανᾶ, ὅτι οὐ φρονεῖς τὰ τοῦ θεοῦ ἀλλὰ τὰ τῶν ἀνθρώπων. 11. Τὸ ἄλαλον καὶ κωφὸν πνεῦμα, ἐγὼ ἐπιτάσσω σοι, ἔξελθε ἐξ αὐτοῦ καὶ μηκέτι εἰσέλθῃς εἰς αὐτόν. 12. Ὁ δὲ Ἰησοῦς εἶπεν Μὴ κωλύετε αὐτόν, οὐδεὶς γάρ ἐστιν ὃς ποιήσει δύναμιν ἐπὶ τῷ ὀνόματί μου καὶ δυνήσεται ταχὺ κακολογῆσαί με· ὃς γὰρ οὐκ ἔστιν καθ᾽ ἡμῶν ὑπὲρ ἡμῶν ἐστιν. 13. Τί δὲ ἔχεις ὃ οὐκ ἔλαβες; 14. Ἄφετε ἴδωμεν εἰ ἔρχεται Ἡλείας. 15. Εἰ ὁ ἄπιστος χωρίζεται, χωριζέσθω.

Use the aorist imperative, unless the present is clearly indicated.

(See Lesson xx for forms of βαπτίζω.)

1. Baptize them. 2. Don't baptize them. 3. Let him be baptizing. 4. Let him baptize. 5. Let us be baptized. 6. Let them be baptized. 7. They are being baptized. 8. We are being baptized.

[1] See Idioms, p. 130.

Imperfective Reduplication
EAN for AN

Imperfective reduplication differs from perfective reduplication in having ι instead of ε for its vowel, e.g., the root δο is reduplicated to διδο, δυ to διδυ, etc., as shown in the following table.

As in other verbs, the imperfective stem is used for both present and imperfect tenses.

Κοινή	Attic	Root		Aorist	Perfect
ἀφίω	ἀφίημι	ἑ(?)	send	ἀφῆκα	ἀφέωμαι
γίνομαι	γίγνομαι	γεν	become	ἐγενόμην	γέγονα
γινώσκω	γιγνώσκω	γνο	know	ἔγνων	ἔγνωκα
διδάσκω	same	δα	learn	ἐδίδαξα	
δίδω	δίδωμι	δο	give	ἔδωκα	δέδωκα
ἐνδιδύσκω	same	δυ	sink	ἐνέδυσα	
ἱστάνω	ἵστημι	στα	stand	ἔστησα	
στήκω	(intransitives of ἵστημι)			ἔστην	ἕστηκα
πίμπλημι	same	πλα	fill	ἔπλησα	
πιπράσκω	same	πρα	sell		πέπρακα
πίπτω	same	πετ	fall	ἔπεσα	πέπτωκα
τιθῶ	τίθημι	θε	put	ἔθηκα	τέθηκα

'Αφίημι has ἀπο- prefixed to ἵημι. There is doubt about the root of ἵημι, but the New Testament forms seem to fit the view that it is ἑ.

To understand the reduplication of γίνομαι and γινώσκω one must refer to the Attic forms,

In διδάσκω the reduplication spread to other stems, its imperfective force being lost.

'Ενδιδύσκω has ἐν prefixed to the reduplication.

The root στα would theoretically reduplicate to *σιστα, but initial σ often disappears, while surviving in cognate languages. A rough breathing sometimes represents a lost σ.

Θε would theoretically reduplicate to *θιθε, but in such a proximity of aspirates the first is changed to a stop. See further under Consonant Rectangle, Appendix ii. 2.

The suffix σκ, appearing in three of the above verbs, is found only in the imperfective aspect. Hence the aorists of ἐνδύω and ἐνδιδύσκω are the same.

The root δυ occurs also in the compounds: ἐκδύω, καταδύω, ἀναδύνω, ἀναδύομαι, ἀποδύω, διαδύω, ἐπιδύω, περιδύω, παραδύομαι, ὑποδύω. In most of these the meaning of the compound is obvious.

A number of verbs have deponent futures, e.g., γνώσομαι and πεσοῦμαι.

Note that the roots are least modified in the aorist.

SYNTAX

a. Κοινή often used ἐάν for ἄν, which was passing out of use, e.g., ὃ ἐὰν θέλῃς, instead of ὃ ἂν θέλῃς, *whatever you wish.*

b. The genitive is used to designate price, e.g., τιμῆς ἠγοράσθητε, *you were bought for a price.*

c. Some verbs have a causative force, e.g., ἐνδιδύσκω, *cause to 'sink in'; ἱστάνω, cause to stand; διδάσκω, cause to learn.*

VOCABULARY

ἀκάνθινος, ον *made of thorns*

ἀπώλεια *waste*

βάπτισμα *baptism*

δηνάριον *denarius (about forty cents)*

δυνατός, ή, όν *possible. powerful*

ἐκεῖθεν *from there*

ἐνδιδύσκω (τινά τι) *put clothes on*

ἐπάνω *above* ὀφθαλμός *eye*
ἕως(τινός) *until* πατέω *tread, trample on*
μετάνοια *change of mind* πλέκω *weave*
μνῆμα *tomb, monument* στέφανος *wreath*
μύρον *perfume* χαρίζομαι *give graciously*

The Indo-European cognates of γνο, δο, and στα are obvious. Relatives of γεν are *genesis, gender, genus,* γένος, γυνή, *kin,* queen. English cognates of θε are *do* and *deed;* derivatives are *theme* and *thesis.*

TRANSLATION

1. Ἐγένετο Ἰωάννης ὁ βαπτίζων ἐν τῇ ἐρήμῳ κηρύσσων βάπτισμα μετανοίας εἰς ἄφεσιν ἁμαρτιῶν. 2. Τῷ ἰδίῳ κυρίῳ στήκει ἢ πίπτει· στήσεται δέ, δυνατὸς γὰρ ὁ θεὸς στῆσαι αὐτόν. 3. Καὶ γενομένου σαββάτου ἤρξατο διδάσκειν ἐν τῇ συναγωγῇ· καὶ οἱ πολλοὶ ἀκούσαντες ἐξεπλήσσοντο λέγοντες Πόθεν τούτῳ ταῦτα; καὶ τίς ἡ σοφία ἡ δοθεῖσα τούτῳ; 4. Καὶ ἐνδιδύσκουσιν αὐτῷ πορφύραν καὶ περιτιθέασιν[1] αὐτῷ πλέξαντες ἀκάνθινον στέφανον. 5. Καὶ ὅταν στήκετε προσευχόμενοι, ἀφίετε εἴ τι ἔχετε κατά τινος. 6. Γενηθήτω τὸ θέλημά σου ὡς ἐν οὐρανῷ καὶ ἐπὶ τῆς γῆς. 7. Εἰς τί ἡ ἀπώλεια αὕτη τοῦ μύρου γέγονεν; ἠδύνατο[2] γὰρ τοῦτο τὸ μύρον πραθῆναι ἐπάνω δηναρίων τριακοσίων καὶ δοθῆναι τοῖς πτωχοῖς. 8. Ὅπου ἐὰν εἰσέλθητε εἰς οἰκίαν, ἐκεῖ μένετε ἕως ἂν ἐξέλθητε ἐκεῖθεν. 9. Αἴτησόν με ὃ ἐὰν θέλῃς, καὶ δώσω σοι. 10. Ὃ ἐὰν δοθῇ ὑμῖν ἐν ἐκείνῃ τῇ ὥρᾳ τοῦτο λαλεῖτε, οὐ γάρ ἐστε ὑμεῖς οἱ λαλοῦντες ἀλλὰ τὸ πνεῦμα τὸ ἅγιον. 11. Καὶ ἐὰν ὁ ὀφθαλμός σου σκανδαλίζῃ σε, ἔκβαλε αὐτόν. 12. Χριστὸς ἀνέστη ἐκ νεκρῶν, θανάτῳ

[1] Third person plural of the present indicative.
[2] See general vocabulary.

θάνατον πατήσας καὶ τοῖς ἐν τοῖς μνήμασι ζωὴν χαρισά-
μενος.

1. I am clothing him with a red cloak. 2. I shall give him a wreath. 3. I stood in the house. 4. I gave him perfume. 5. I am selling perfume.

LESSON XLII
The Pluperfect

Two tenses, perfect and pluperfect, are formed on the perfective stem, e.g., λέλυκα and λελύκειν.

If the perfect begins with a reduplicated consonant, the Attic pluperfect prefixes an augment. The Κοινή pluperfect has no augment.

ACTIVE

Attic		Κοινή	
ἐλελύκη	ἐλελύκεμεν	λελύκειν	λελύκειμεν
ἐλελύκης	ἐλελύκετε	λελύκεις	λελύκειτε
ἐλελύκει	ἐλελύκεσαι	λελύκει	λελύκεισαν

MIDDLE AND PASSIVE

ἐλελύμην	ἐλελύμεθα
ἐλέλυσο	ἐλέλυσθε
ἐλέλυτο	ἐλέλυντο

How many distinctive marks do you see in the Attic forms? In the Κοινή?

An analytic pluperfect, consisting of the perfect participle and the imperfect of εἰμί, is sometimes substituted for the pluperfect of the above conjugation, e.g., ἦν ἐνδεδυμένος instead of ἐνεδέδυτο.

VOCABULARY

ἀμήν, Heb., *amen,* often used in solemn asservation with λέγω.

ἀνάκειμαι *recline*

ἀσφαλῶς *safely, surely*

δέσμιος *prisoner*

ἑορτή *holy day, holiday*

ἤθελον, imperf. of θέλω.

θυμίαμα *incense*

λαός *a people, crowd*

ὅστις,ἥτις,ὅτι *the one who. the one which, why?*

ὀψία *early evening(after sundown)*

παραδίδωμι *hand over, betray, hand down*

παραιτέομαι *ask for*

προάγω *go before*

σκότος, τὸ, *darkness*

στασιαστής *insurrectionist*

στάσις,εως *insurrection, riot*

συνλαλέω *talk to*

σύσσημον *a prearranged signal*

φθόνος *jealousy*

φόνος *murder*

ὤφθην, aor. pass. of ὁράω

SYNTAX

The pluperfect expresses action that *was* complete. Note the aspect of ἀπέλυεν in Greek sentence 2.

TRANSLATION

1. Δεδώκει δὲ ὁ Ἰούδας σύσσημον αὐτοῖς λέγων Ὃν ἂν φιλήσω αὐτός ἐστιν· κρατήσατε αὐτὸν καὶ ἀπάγετε ἀσφαλῶς. 2. Κατὰ δὲ ἑορτὴν ἀπέλυεν αὐτοῖς ἕνα δέσμιον ὃν παρῃτοῦντο. 3. Ἦν δὲ ὁ λεγόμενος Βαραββᾶς μετὰ τῶν στασιαστῶν δεδεμένος οἵτινες ἐν τῇ στάσει φόνον πεποιήκεισαν. 4. Ἐγίνωσκεν ὁ Πιλᾶτος ὅτι διὰ φθόνον παραδεδώκεισαν αὐτόν. 5. Καὶ ἀναβαίνει εἰς τὸ ὄρος καὶ προσκαλεῖται οὓς ἤθελεν αὐτὸς καὶ ἀπῆλθον πρὸς αὐτόν 6. Καὶ ὀψίας γενομένης ἔρχεται μετὰ τῶν δώδεκα. 7. Καὶ ἀνακειμένων αὐτῶν καὶ ἐσθιόντων ὁ Ἰησοῦς εἶπεν Ἀμὴν λέγω ὑμῖν ὅτι εἷς ἐξ ὑμῶν παραδώσει με. 8. Καὶ ἐσθιόντων

αὐτῶν λαβὼν ἄρτον ἔδωκεν αὐτοῖς καὶ εἶπεν Λάβετε, τοῦτό ἐστιν τὸ σῶμά μου. 9. Καὶ ὤφθη αὐτοῖς Ἡλίας σὺν Μωϋσεῖ, καὶ ἦσαν συνλαλοῦντες τῷ Ἰησοῦ. 10. Καὶ πᾶν τὸ πλῆθος ἦν τοῦ λαοῦ προσευχόμενον ἔξω τῇ ὥρᾳ τοῦ θυμιάματος. 11. Καὶ γενομένης ὥρας ἕκτης σκότος ἐγένετο ἐφ᾽ ὅλην τὴν γῆν ἕως ὥρας ἐνάτης. 12. Εἰσῆλθεν ὁ Ἰωσὴφ πρὸς τὸν Πιλᾶτον καὶ ᾐτήσατο τὸ σῶμα τοῦ Ἰησοῦ. 13. Ὑπάγετε εἴπατε τοῖς μαθηταῖς αὐτοῦ καὶ τῷ Πέτρῳ ὅτι προάγει ὑμᾶς εἰς τὴν Γαλιλαίαν.

1. Pilate had released the prisoner. 2. The prisoner had given Pilate a prearranged signal. 3. Pilate gave the prisoners bread. 4. Judas had betrayed Jesus. 5. You will betray him.

LESSON XLIII
Principal Parts and Synopsis

A complete verb has six principal parts: present, future, aorist, perfect active, perfect middle, and aorist passive, e.g., λύω, λύσω, ἔλυσα, λέλυκα, λέλυμαι, ἐλύθην.

On these six tense stems the whole conjugation of the verb can be constructed. The imperfect is built on the present stem, the pluperfect and future perfect on the perfect stem, and the future passive on the aorist passive stem.

The only future perfect in the New Testament is in Luke 19:40, κεκράξομαι, and this is not the best reading.

The synopsis of a verb consists of all its first person singulars, and of the first forms in paradigms not having first persons.

The synopsis of λύω is shown on the following page.

The optative mood, shown in the synopsis, will be treated in Lesson lviii.

Synopsis of ΛΥΩ

ACTIVE

	Present	Imperfect	Future	Aorist	Perfect	Pluperfect	Fut. Perf.
Indicative.	λύω	ἔλυον	λύσω	ἔλυσα	λέλυκα	ἐλελύκη	
Subjunctive.	λύω			λύσω			
Optative.	λύοιμι		λύσοιμι	λύσαιμι			
Imperative.	λῦε			λῦσον			
Infinitive.	λύειν		λύσειν	λῦσαι	λελυκέναι		
Participle.	λύων		λύσων	λύσας	λελυκώς		

MIDDLE

	Present	Imperfect	Future	Aorist	Perfect	Pluperfect	Fut. Perf.
Indicative.	λύομαι	ἐλυόμην	λύσομαι	ἐλυσάμην	λέλυμαι	ἐλελύμην	λελύσομαι
Subjunctive.	λύωμαι			λύσωμαι			
Optative.	λυοίμην		λυσοίμην	λυσαίμην			λελυσοίμην
Imperative.	λύου			λῦσαι			
Infinitive.	λύεσθαι		λύσεσθαι	λύσασθαι	λελύσθαι		λελύσεσθαι
Participle.	λυόμενος		λυσόμενος	λυσάμενος	λελυμένος		λελυσόμενος

PASSIVE

	Present	Imperfect	Future	Aorist	Perfect	Pluperfect	Fut. Perf.
Indicative.			λυθήσομαι	ἐλύθην			
Subjunctive.	(The middle forms of the present and imperfect serve also for the passive.)			λυθῶ	(The middle forms of the perfect and pluperfect serve also for the passive.)		
Optative.			λυθησοίμην	λυθείην			
Imperative.				λύθητι (λύθητω)			
Infinitive.			λυθήσεσθαι	λυθῆναι			
Participle.			λυθησόμενος	λυθείς			

PRACTICE

a. Learn to say the principal parts of λύω rapidly from memory.

b. Come to class prepared to write out the complete synopsis of λύω from memory.

LESSON XLIV
IRREGULAR VERBS

Recognition of irregular verbs is an essential factor in understanding Greek. The principal parts of a number of irregular verbs are given at the end of Appendix iii.

PRACTICE

Learn the principal parts of ἄγω.

Identify the following forms: ἀχθήσεσθε, ἤγετο, ἄγει, ἀγαγεῖν, ἄγονται, ἤγεσθε, ἄξει, ἀγόμενα, ἀγαγόντα, ἄγωμεν, ἤχθη.

VOCABULARY

ἄμεμπτος,ον *blameless*

ἀμφότεροι,αι.α *both, all*

ἀπαίρω *take away*

ἀποστεγάζω *unroof*

ἀρέσκω, ἤρεσα. (τινί) *please*

διαπεράω *cross over*

δικαίωμα *ordinance*

ἐλεύσομαι, see ἔρχομαι

ἔμπροσθεν *in front of*

ἐναντίον(τινός) *opposite in the sight of*

κράβατος *mat, mattress, bed*

μηδέ *nor, neither, not even*

παρακούω *listen carelessly, pretend not to hear*

πορεύομαι *proceed, depart*

προσενέγκαι, see προσφέρω

στέγη *roof*

τρέφω, ἔθρεψα *feed, support, bring up*

χωρέω *have room, be room*

TRANSLATION

1. Καὶ εἰσελθὼν πάλιν εἰς Καφαρναούμ δι' ἡμερῶν[1] ἠκούσθη ὅτι ἐν οἴκῳ[1] ἐστίν· καὶ συνήχθησαν πολλοὶ ὥστε

---
[1] See Idioms, p. 130.

μηκέτι χωρεῖν μηδὲ τὰ² πρὸς τὴν θύραν. 2. Καὶ ἔρχονται
φέροντες πρὸς αὐτὸν παραλυτικὸν αἰρόμενον ὑπὸ τεσ-
σάρων. καὶ μὴ δυνάμενοι προσενέγκαι αὐτῷ διὰ τὸν ὄχλον
ἀπεστέγασαν τὴν στέγην ὅπου ἦν. 3. Ἐγείρου, ἆρον τὸν
κράβατόν σου καὶ περιπάτει. 4. Ἦσαν δὲ δίκαιοι ἀμφό-
τεροι ἐναντίον τοῦ θεοῦ, πορευόμενοι ἐν πάσαις ταῖς ἐντο-
λαῖς καὶ δικαιώμασιν τοῦ Κυρίου ἄμεμπτοι. καὶ οὐκ ἦν
αὐτοῖς τέκνον. 5. Καὶ ἠγέρθη καὶ εὐθὺς ἄρας τὸν κράβατον
ἐξῆλθεν ἔμπροσθεν πάντων. 6. Ὅσον χρόνον ἔχουσιν τὸν
νυμφίον μετ᾽ αὐτῶν οὐ δύνανται νηστεύειν· ἐλεύσονται δὲ
ἡμέραι ὅταν ἀπαρθῇ ἀπ᾽ αὐτῶν ὁ νυμφίος, καὶ τότε νηστεύ-
σουσιν ἐν ἐκείνῃ τῇ ἡμέρᾳ. 7. Καὶ διαπεράσαντος τοῦ
Ἰησοῦ ἐν τῷ πλοίῳ πάλιν εἰς τὸ πέραν συνήχθη ὄχλος
πολὺς ἐπ᾽ αὐτόν, καὶ ἦν παρὰ τὴν θάλασσαν. 8. Ὁ δὲ
Ἰησοῦς παρακούσας τὸν λόγον λαλούμενον λέγει τῷ ἀρχι-
συναγώγῳ Μὴ φοβοῦ, μόνον πίστευε. 9. Ὁ θρέψας με
πέπρακέν με Ῥόδῃ τινὶ εἰς Ῥώμην. 10. Εἰ ἔτι ἀνθρώποις
ἤρεσκον, Χριστοῦ δοῦλος οὐκ ἂν ἤμην.

1. The paralytic was carried by four men. 2. Carry
the man! 3. He will carry his mat. 4. We carried the
boat. 5. God raised him (from the dead).

LESSON XLV
Second Tense Forms, Indirect Questions

There are two forms each of the aorist, perfect, plu-
perfect, and future passive. The less common form in
each pair is called *second*. Most verbs have only one,
i.e., either *first* or *second*.

² The noun understood with this article is the subject of the infinitive.
Parts may be supplied as a translation of the omitted noun.

NEGATIVE IDENTIFICATION TAGS

The second aorist active and second aorist middle have no σ in their endings, e.g., ἔλαβον, ἐλάβετο.

The second aorist passive has no θ, e.g., ἐσπάρην.

The second perfect active has no κ, e.g., οἶδα, γέγονα.

The second pluperfect active likewise has no κ, e.g., ᾔδειν, pluperfect of οἶδα. The perfect of this verb is present in meaning, and the pluperfect is imperfect in meaning.

The second future passive is formed on the second aorist passive stem, e.g., ἐφράγην, φραγήσομαι.

	2 AOR.PASS.	2 FUT. PASS.	2 PF. ACT.	2 PLP.ACT.
Ind.	ἐσπάρην	φραγήσομαι	γέγονα	ᾔδειν
	ἐσπάρης	φραγήσῃ	γέγονας	ᾔδεις
	ἐσπάρη	φραγήσεται	γέγονε	ᾔδει
	ἐσπάρημεν	φραγησόμεθα	γεγόναμεν	ᾔδειμεν
	ἐσπάρητε	φραγήσεσθε	γεγόνατε	ᾔδειτε
	ἐσπάρησαν	φραγήσονται	γεγόνασι	ᾔδεισαν
Sub.	σπαρῶ		γεγόνω	
	σπαρῇς		γεγόνῃς	
	σπαρῇ		γεγόνῃ	
	σπαρῶμεν		γεγόνωμεν	
	σπαρῆτε		γεγόνητε	
	σπαρῶσι		γεγόνωσι	
Imp.	σπάρηθι			
	σπαρήτω			
	σπάρητε			
	σπαρήτωσαν			
Inf.	σπαρῆναι		γεγονέναι	
Ptc.	σπαρείς,εῖσα,έν		γεγονώς,νῖα,ός	

SYNTAX

a. Indirect questions are a kind of indirect discourse. They are introduced by interrogative words, adverbs, or relative pronouns, e.g., ἐξορκίζω σοι ἵνα εἴπῃς εἰ σὺ εἶ ὁ Χριστός, *I adjure you to say whether you are the Anointed.*

b. The use of the relative pronouns was extended in Κοινή to include direct questions, i.e., a relative pronoun is occasionally employed as an interrogative, c.g., ἐφ' ὃ πάρει; *what are you here for?* Ὅτι οὖν τῶν δύο ἀληθέστερον; *Which then of the two is truer?*

In the New Testament this occurs only in the neuter.

PRACTICE

Learn the principal parts of λαμβάνω.

What two additions to the process action stem?

Identify the following forms: λαβεῖν, λήμψεσθε, ἔλαβον, λήμψεται, λαμβάνων, λάβῃ, λήμψονται, λαβών, λαβοῦσα, ἔλαβες, εἴληφεν, εἴληφα.

VOCABULARY

ἀγνοέω *not know, be igno-rant*
ἀποκρίνομαι *answer*
διηγέομαι *tell*
διώκω *chase, persecute*
δοξάζω *glorify*
ἔκφοβος,ον *badly scared*
εὐαγγελίζω *tell good news*
καταβαρύνω *be heavy*
κατηγορέω (τινός) *accuse*
καύχησις,εως *boast*
κλάσμα *piece, breaking*
κλάω *break*

κόφινος *basket*
μνημονεύω *remember*
μόνον *only*
νῦν *now*
οἶδα *I know,* ᾔδειν *I knew*
παραδέχομαι *welcome*
παρατηρέω *watch*
παρέρχομαι *pass by, pass away*
πορθέω *ravage, destroy*
ποτέ *sometime, once*
φράσσω *silence, close*
χαίρω *be glad*

TRANSLATION

1. Καὶ ἐκεῖνοί εἰσιν οἱ ἐπὶ τὴν γῆν τὴν καλὴν σπαρέντες οἵτινες ἀκούουσιν τὸν λόγον καὶ παραδέχονται καὶ καρποφοροῦσιν. 2. Ἡ καύχησις αὕτη οὐ φραγήσεται εἰς ἐμέ. 3. Καὶ ἦλθον ἰδεῖν τί ἐστιν τὸ γεγονός. 4. Οἱ δὲ ἀκούσαντες ἐχάρησαν. 5. Οὐ γὰρ ᾔδει τί ἀποκριθῇ, ἔκφοβοι γὰρ ἐγένοντο. 6. Καὶ πάλιν ἐλθὼν εὗρεν αὐτοὺς καθεύδοντας, ἦσαν γὰρ αὐτῶν οἱ ὀφθαλμοὶ καταβαρυνόμενοι, καὶ οὐκ ᾔδεισαν τί ἀποκριθῶσιν αὐτῷ. 7. Καὶ παρετήρουν αὐτὸν εἰ τοῖς σάββασιν θεραπεύσει, ἵνα κατηγορήσωσιν αὐτοῦ. 8. Οἶδεν γὰρ ὁ θεὸς ὧν χρείαν ἔχετε. 9. Ὁ δὲ Πιλᾶτος ἐθαύμασεν εἰ ἤδη τέθνηκεν. 10. Καὶ διηγήσαντο αὐτοῖς οἱ ἰδόντες πῶς ἐγένετο τῷ δαιμονιζομένῳ καὶ περὶ τῶν χοίρων. 11. Καὶ οὐ μνημονεύετε ὅτε τοὺς πέντε ἄρτους ἔκλασα εἰς τοὺς πεντακισχιλίους, πόσους κοφίνους κλασμάτων ἤρατε; 12. Εἶπον αὐτῷ Ὅτι λέγουσιν ὅτι Ἡλίαν δεῖ ἐλθεῖν πρῶτον; 13. Εἶπον αὐτῷ Ὅτι ἡμεῖς οὐκ ἠδυνήθημεν ἐκβαλεῖν αὐτό; 14. Ἤμην δὲ ἀγνοούμενος τῷ προσώπῳ ταῖς ἐκκλησίαις τῆς Ἰουδαίας ταῖς ἐν Χριστῷ, μόνον δὲ ἀκούοντες ἦσαν ὅτι Ὁ διώκων ἡμᾶς ποτὲ νῦν εὐαγγελίζεται τὴν πίστιν ἥν ποτε ἐπόρθει, καὶ ἐδόξαζον ἐν ἐμοὶ τὸν θεόν.

1. Tell me whether they are thoroly frightened. 2. Tell us what has happened. 3. I don't know what to say. 4. I told him how the fragments were picked up.

LESSON XLVI
Contract Verbs in -ΑΩ

Contract verbs with stems ending in α are conjugated according to the same principles as those ending in ε(See Lesson xix). The principal parts of a typical example are ἀγαπάω, ἀγαπήσω, ἠγάπησα, ἠγάπηκα, ἠγάπημαι, ἠγαπήθην.

Forms not given in Appendix iii do not occur in the New Testament and are comparatively rare elsewhere.

PRACTICE

Learn the contracted forms given on pages 170-171.

Learn the principal parts of ἀκούω.

Identify the following forms: ἀκούει, ἀκούων, ἀκούσας, ἀκούοντες, ἀκούσῃ, ἀκούετε, ἀκουέτω, ἀκοῦσαι, ἀκούειν, ἤκουσαν, ἀκούσατε, ἀκουσθήσεται, ἀκουσάτωσαν, ἀκούσουσιν, ἀκηκόατε, ἤκουσας, ἀκούουσιν, ἀκηκόαμεν, ἀκούσασθε, ἀκουσόμεθα, ἀκουσθεῖσιν.

VOCABULARY

ἀγαπάω love
αὐξάνω grow, increase
ἐπιτιμάω (τινί) rebuke warn
ἐρωτάω ask
εὐθέως = εὐθύς
εὐχαριστέω thank
καταγελάω(τινός) ridicule
κατοίκησις,-εως home
κινδυνεύω be in danger

κρημνός cliff
μόνος,η,ον single, alone only
νικάω conquer
ὁρμάω rush
πνίγω choke, drown
προσπίπτω fall on, fall beside
ὑπαντάω(τινί) meet

TRANSLATION

1. Καὶ εἶπαν πρὸς αὐτόν, Διδάσκαλε, ἐπιτίμησον τοῖς μαθηταῖς σου. 2. Εὐχαριστῶ τῷ Κυρίῳ Σεράπιδι ὅτι μου κινδυνεύσαντος εἰς θάλασσαν ἔσωσε εὐθέως. 3. Λέγει αὐτοῖς

93

Τί θορυβεῖσθε καὶ κλαίετε; τὸ παιδίον οὐκ ἀπέθανεν, ἀλλὰ καθεύδει. καὶ κατεγέλων αὐτοῦ. 4. Καὶ ἄλλα ἔπεσεν εἰς τὴν γῆν τὴν καλήν, καὶ ἐδίδου καρπὸν ἀναβαίνοντα καὶ αὐξανόμενα, καὶ ἔφερεν εἰς τριάκοντα καὶ εἰς ἑξήκοντα καὶ εἰς ἑκατόν. 5. Καὶ γίνεται κατακεῖσθαι αὐτὸν ἐν τῇ οἰκίᾳ αὐτοῦ καὶ πολλοὶ τελῶναι καὶ ἁμαρτωλοὶ συνανέκειν-το τῷ Ἰησοῦ καὶ τοῖς μαθηταῖς αὐτοῦ, ἦσαν γὰρ πολλοὶ καὶ ἠκολούθουν αὐτῷ. 6. Καὶ τὰ πνεύματα τὰ ἀκάθαρτα, ὅταν αὐτὸν ἐθεώρουν, προσέπιπτον αὐτῷ λέγοντα ὅτι Σὺ εἶ ὁ υἱὸς τοῦ θεοῦ. 7. Καὶ ὅτε ἐγένετο κατὰ μόνας,[1] ἠρώτων αὐτὸν οἱ περὶ αὐτὸν σὺν τοῖς δώδεκα τὰς παραβολάς. 8. Καὶ ἐξελθόντος αὐτοῦ ἐκ τοῦ πλοίου ὑπήντησεν αὐτῷ ἐκ τῶν μνημείων ἄνθρωπος ἐν πνεύματι ἀκαθάρτῳ, ὃς τὴν κατοίκησιν εἶχεν ἐν τοῖς μνήμασιν. 9. Καὶ ὥρμησεν ἡ ἀγέλη κατὰ[2] τοῦ κρημνοῦ εἰς τὴν θάλασσαν, ὡς δισχίλιοι, καὶ ἐπνίγοντο. 10. Εἴ τις ἀγαπᾷ τὸν θεόν, οὗτος ἔγνωσται ὑπ' αὐτοῦ. 11. Μὴ νικῶ ὑπὸ τοῦ κακοῦ, ἀλλὰ νίκα ἐν τῷ ἀγαθῷ τὸ κακόν. 12. Οὐκ οἶδα τὸν ἄνθρωπον τοῦτον ὃν λέγετε.

1. Jesus used to warn his disciples. 2. Children used to give thanks to Serapis. 3. The disciples met the tax collector. 4. God loves sinners. 5. The child is ridiculing the man.

---

[1] Idiom meaning *by himself.*
[2] *Down.*

LESSON XLVII

MASCULINES IN -ΕΥΣ
POSSESSIVE ADJECTIVES
ARTICULAR INFINITIVE

Third declension masculine nouns in -εύς designate men engaged in certain occupations, e.g., ἱερεύς, which is declined as follows:

N. ἱερεύς	ἱερεῖς
G. ἱερέως	ἱερέων
D. ἱερεῖ	ἱερεῦσι
A. ἱερέα	ἱερεῖς
V. ἱερεῦ	

POSSESSIVE ADJECTIVES

The possessive adjectives ἐμός, σός, ἡμέτερος, and ὑμέτερος are personal pronoun stems with the case endings of regular adjectives in -ος, -η, -ον.

SYNTAX

a. The stem of the possessive adjective agrees with the possessor in person and number; but its ending agrees with what is possessed, in gender, number, and case, e.g., ὁ ἐμὸς ἀδελφός, *my brother;* ἡ ἐμὴ ἀδελφή, *my sister.*

b. The articular infinitive is so called because it takes the article in the neuter singular, the infinitive being a verbal noun. Altho taking the article as a noun does, it also, like a verb, takes both subjects and objects, e.g., μετὰ τὸ γνωρίσαι σε ταῦτα τὰ ῥήματα αὐτοῖς, *after you make these words known to them.*

PRACTICE

Learn the principal parts of ἀποθνήσκω.

Identify the following forms: ἀπέθανεν, ἀποθάνῃ,

95

ἀποθανεῖσθε, ἀποθάνωμεν, ἀποθνήσκειν, ἀποθανεῖν, ἀποθανεῖται, ἀπέθανον, ἀπεθάνομεν, ἀποθανών, ἀποθνήσκωμεν, ἀποθανόντι, ἀποθνήσκοντες, τεθνηκώς, τέθνηκεν.

VOCABULARY

ἁλιεύς *fisher*

ἅλυσις,-εως *chain*

γραμματεύς *scholar, clerk, teacher*

δαμάζω *tame, subdue*

δεξιός,ά,όν *right*

διάνοια *understanding, mind*

διασπάω *break apart*

ἐμός,ή,όν *my*

ἐπερωτάω *ask (a question)*

εὐώνυμος,ον *left*

ἱερεύς *priest*

ἰσχύς,ος,ἡ *strength*

μέν, an untranslatable particle, often pointing a contrast indicated by a δέ in the following clause.

πέδη *fetter*

πλήν (τινος) *except*

ποῖος,α,ον *what?, what kind of?*

πολλάκις *often*

σός,ή,όν, *your* (when possessor is singular)

συντρίβω *break, crush*

TRANSLATION

1. Καὶ ἐγένετο ἐν τῷ σπείρειν ὃ[1] μὲν ἔπεσεν παρὰ τὴν ὁδόν, καὶ ἦλθεν τὰ πετεινὰ καὶ κατέφαγεν αὐτό. 2. Καὶ οὐδὲ ἁλύσει οὐκέτι οὐδεὶς ἐδύνατο αὐτὸν δῆσαι διὰ τὸ αὐτὸν πολλάκις πέδαις καὶ ἁλύσεσι δεδέσθαι καὶ διεσπάσθαι ὑπ᾽ αὐτοῦ τὰς ἁλύσεις καὶ τὰς πέδας συντετρίφθαι· καὶ οὐδεὶς ἴσχυεν αὐτὸν δαμάσαι. 3. Καὶ προσελθὼν εἷς τῶν γραμματέων ἀκούσας αὐτῶν συζητούντων, εἰδὼς ὅτι καλῶς ἀπεκρίθη αὐτοῖς, ἐπηρώτησεν αὐτὸν Ποία ἐστὶν ἐντολὴ πρώτη πάντων; 4. Ἀπεκρίθη ὁ Ἰησοῦς ὅτι Πρώτη ἐστὶν Ἄκουε Ἰσραήλ, Κύριος ὁ θεὸς ἡμῶν Κύριος εἷς ἐστίν, καὶ ἀγαπήσεις Κύριον τὸν θεόν σου ἐξ ὅλης καρδίας σου καὶ ἐξ ὅλης τῆς ψυχῆς σου καὶ ἐξ ὅλης τῆς διανοίας σου καὶ ἐξ

[1] See Appendix ii. 14 f., and Idioms p. 130.

ὅλης τῆς ἰσχύος σου. 5. Εἶπεν αὐτῷ ὁ γραμματεὺς Καλῶς
διδάσκαλε, ἐπ' ἀληθείας εἶπες ὅτι εἷς ἐστὶν καὶ οὐκ ἔστιν
ἄλλος πλὴν αὐτοῦ. 6. Καὶ παράγων παρὰ τὴν θάλασσαν
τῆς Γαλιλαίας εἶδεν Σίμωνα καὶ Ἀνδρέαν τὸν ἀδελφὸν
Σίμωνος ἀμφιβάλλοντας ἐν τῇ θαλάσσῃ, ἦσαν γὰρ ἁλιεῖς·
καὶ εἶπεν αὐτοῖς ὁ Ἰησοῦς Δεῦτε ὀπίσω μου, καὶ ποιήσω
ὑμᾶς γενέσθαι ἁλιεῖς ἀνθρώπων. 7. Εὐχαριστῶ ὅτι οὐδένα
ὑμῶν ἐβάπτισα εἰ μὴ Κρίσπον καὶ Γάϊον, ἵνα μή τις εἴπῃ
ὅτι εἰς τὸ ἐμὸν ὄνομα ἐβαπτίσθητε. 8. Πάντα τὰ ἐμὰ σά
ἐστιν. 9. Τὸ μὲν ποτήριόν μου πίεσθε, τὸ δὲ καθίσαι ἐκ
δεξιῶν μου καὶ ἐξ εὐωνύμων οὐκ ἔστιν ἐμὸν δοῦναι.

1. The chain is mine. 2. You said that the fetters
were yours. 3. While they were asking him a fisher-
man came. 4. No one was able to crush them. 5. One
man is my brother, the other is yours.

LESSON XLVIII
GROUP OF NOUNS IN -ΗΡ
INA AS AN INFINITIVE PARTICLE

A small group of nouns ending in -ηρ have the fol-
lowing declension:

N.	πατήρ	μήτηρ	ἀνήρ	θυγάτηρ	ἀστήρ
G.	πατρός	μητρός	ἀνδρός	θυγατρός	ἀστέρος
D.	πατρί	μητρί	ἀνδρί	θυγατρί	ἀστέρι
A.	πατέρα	μητέρα	ἄνδρα	θυγατέρα	ἀστέρα
V.	πάτερ	μῆτερ	ἄνερ	θύγατερ	ἀστήρ
N.	πατέρες	μητέρες	ἄνδρες	θυγατέρες	ἀστέρες
G.	πατέρων	μητέρων	ἀνδρῶν	θυγατέρων	ἀστέρων
D.	πατράσι	μητράσι	ἀνδράσι	θυγατράσι	ἀστράσι
A.	πατέρας	μητέρας	ἄνδρας	θυγατέρας	ἀστέρας

SYNTAX

a. In Κοινῇ the infinitive was in process of being replaced by the subjunctive with ἵνα, a process that was complete a few centuries later. A number of examples of this substitute for the infinitive are found in the New Testament, e.g., αὕτη δέ ἐστιν ἡ αἰώνιος ζωή, ἵνα γινώσκωσι τὸν μόνον ἀληθινὸν θεόν· *and this is eternal life, to know the only true God.* See also the second sentence for translation in this lesson, where the new and old infinitives are coördinated.

b. This substitute, or new infinitive, frequently serves as an imperative, as had the old infinitive, e.g., ἡ δὲ γυνὴ ἵνα φοβῆται τὸν ἄνδρα, *and let the wife respect her husband.*

c. Ἵνα also introduces object clauses, e.g., παρακαλῶ ὑμᾶς ἵνα τὸ αὐτὸ λέγητε πάντες, *I beseech you all to say the same thing.*

The first sentence for translation in this lesson contains an object clause followed by a purpose clause. An object clause can be in apposition with *this,* but a purpose clause is in apposition with *for this purpose.*

d. The accusative is often used adverbially, e.g., sentence 4 in the Greek of this lesson.

PRACTICE

Learn the principal parts of βάλλω.

Identify the following forms: βάλλεται, βάλλουσιν, βαλεῖν, βάλλοντες, ἔβαλλον, βαλέτω, ἔβαλεν, βέβληται, βληθῆναι, βάλε, βαλλόντων, βάλωσιν, βαλλόμενα, βεβληκότος, βάλῃ, βλήθητι, βεβλημένων.

VOCABULARY

ἀγγαρεύω *force(into one's service), impress*
ἀληθής,-ές *true*
ἀόρατος,ον *invisible*
ἐπιπίπτω *push against*
ζώνη *belt*
θλίβω *crush*
μακάριος,ᾱ,ον *happy, blessed*
μάστιξ, -ιγος, ἡ *scourge, lash, affliction*
ὁρατός,ή,όν *visible*
παντοκράτωρ *ruler of the universe*
παραγγέλλω(τινί) *command*

πατήρ,-τρός *father*
πήρα *bag(carried by beggars)*
πλοιάριον *boat*
ποιητής *maker, creator*
προσκαρτερέω *be at hand*
προσπορεύομαι *approach*
ῥάβδος, ἡ, *walking stick*
σανδάλιον *sandal*
τυφλός,ή,όν *blind*
ὑμέτερος,α,ον *your(when possessor is plural)*
ὑποδέομαι *put on(sandals)*
φρεναπατάω *deceive*
χιτών,-ῶνος *undergarment*

TRANSLATION

1. Καὶ εἶπεν τοῖς μαθηταῖς αὐτοῦ ἵνα πλοιάριον προσκαρτερῇ αὐτῷ διὰ τὸν ὄχλον ἵνα μὴ θλίβωσιν αὐτόν· πολλοὺς γὰρ ἐθεράπευσεν, ὥστε ἐπιπίπτειν αὐτῷ ἵνα αὐτοῦ ἅψωνται ὅσοι εἶχον μάστιγας. 2. Καὶ παρήγγειλεν αὐτοῖς ἵνα μηδὲν αἴρωσιν εἰς ὁδὸν εἰ μὴ ῥάβδον μόνον, μὴ ἄρτον, μὴ πήραν, μὴ εἰς τὴν ζώνην χαλκόν, ἀλλὰ ὑποδεδεμένους σανδάλια, καὶ μὴ ἐνδύσασθαι δύο χιτῶνας. 3. Καὶ προσπορεύονται αὐτῷ Ἰάκωβος καὶ Ἰωάννης οἱ υἱοὶ Ζεβεδαίου λέγοντες αὐτῷ Διδάσκαλε, θέλομεν ἵνα ὃ ἐὰν αἰτήσωμέν σε ποιήσῃς ἡμῖν. 4. Τὸ βάπτισμα ὃ ἐγὼ βαπτίζομαι βαπτισθήσεσθε. 5. Ὁ δὲ τυφλὸς εἶπεν αὐτῷ Ῥαββουνί, ἵνα ἀναβλέψω. καὶ ὁ Ἰησοῦς εἶπεν αὐτῷ Ὕπαγε, ἡ πίστις σου σέσωκέν σε. καὶ εὐθὺς ἀνέβλεψεν, καὶ ἠκολούθει αὐτῷ ἐν

τῇ ὁδῷ. 6. Τίς σοι ἔδωκεν τὴν ἐξουσίαν ταύτην ἵνα ταῦτα ποιῇς; 7. Τότε ἔσομαι μαθητὴς ἀληθὴς τοῦ Χριστοῦ ὅτε οὐδὲ τὸ σῶμά μου ὁ κόσμος ὄψεται. 8. Καὶ ἀγγαρεύουσιν παράγοντά τινα Σίμωνα Κυρηναῖον ἐρχόμενον ἀπ᾽ ἀγροῦ, τὸν πατέρα Ἀλεξάνδρου καὶ Ῥούφου, ἵνα ἄρῃ τὸν σταυρὸν αὐτοῦ. 9. Πιστεύω εἰς ἕνα θεόν, Πατέρα παντοκράτορα, ποιητὴν οὐρανοῦ καὶ γῆς, ὁρατῶν τε πάντων καὶ ἀοράτων. 10. Καὶ προσηύχετο ἵνα εἰ δύνατόν ἐστιν παρέλθῃ ἀπ᾽ αὐτοῦ ἡ ὥρα. 11. Εἰ γὰρ δοκεῖ τις εἶναί τι μηδὲν ὤν, φρεναπατᾷ ἑαυτόν. 12. Μακάριοι οἱ πτωχοί, ὅτι ὑμετέρα ἐστὶν ἡ βασιλεία τοῦ θεοῦ.

1. I command you to stay awake. 2. He commanded us to stay awake. 3. The father commanded his daughter to stay awake. 4. Let me stay awake. 5. I beg you all to stay awake.

LESSON XLIX
THIRD DECLENSION MONOSYLLABLES
ΟΥ ΜΗ

πούς	νύξ	σάρξ	θρίξ	χείρ	φῶς	οὖς
ποδός	νυκτός	σαρκός	τριχός	χειρός	φωτός	ὠτός
ποδί	νυκτί	σαρκί	τριχί	χειρί	φωτί	ὠτί
πόδα	νύκτα	σάρκα	τρίχα	χεῖρα	φῶς	οὖς
πόδες	νύκτες	σάρκες	τρίχες	χεῖρες	φῶτα	ὦτα
ποδῶν	νυκτῶν	σαρκῶν	τριχῶν	χειρῶν	φώτων	ὤτων
ποσί	νυξί	σαρξί	θριξί	χερσί	φωσί	ὠσί
πόδας	νύκτας	σάρκας	τρίχας	χεῖρας	φῶτα	ὦτα

Third declension monosyllables regularly take their accent on the ultima in the genitive and dative, and on the penult in the accusative, except the neuter genitive plural, which accents the penult.

SYNTAX

a. Οὐ μή is used for emphatic negations, and may be rendered *never*.

b. The dative is used to specify that in respect to which a statement is true, e.g., Συροφοινίκισσα τῷ γένει, *a Syrophoenician by birth.*

PRACTICE

Learn the principal parts of ἔρχομαι.

Identify the following forms: ἐρχόμενος, ἔρχεται, ἔρχῃ, ἐρχόμενον, ἦλθον, ἐλήλυθα, ἦλθεν, ἔρχου, ἐλθάτω, ἔλθῃ, ἐλθεῖν, ἐληλυθυῖαν, ἐρχομένῳ, ἐλεύσονται, ἤλθατε, ἔρχεσθαι, ἐρχέσθω, ἐλθών, ἐλήλυθεν, ἐλευσόμεθα, ἔλθωσιν, ἐλθούσης, ἐληλυθότα.

VOCABULARY

αἷμα *blood*	μηκύνω *lengthen*
ἀλήθομαι *be ground*	μήτηρ,μητρός *mother*
ἄμπελος, ἡ, *grapevine*	νύξ,νυκτός,ἡ, *night*
ἀπαρνέομαι *deny*	ὀδούς,ὀδόντος, ὁ, *tooth*
ἀρχιερεύς *high priest*	οὖς, ὠτός, τὸ, *ear*
αὐλή *courtyard*	πάσχα, τὸ, indecl., *Passover*
βλαστάω *sprout*	
γέννημα *offspring*	σάρξ,σαρκός,ἡ *flesh*
διαθήκη *agreement, will*	σῖτος *wheat*
ἐκχέω(ἐκχύννω) *pour out*	συναποθνήσκω *die along with*
θεῖος,ᾱ,ον *divine. uncle*	
θερμαίνομαι *warm oneself*	συγκάθημαι *be seated with*
θρίξ,τριχός, ἡ, *hair*	συγκάθημαι *be seated with*
καθαρός,ά,όν *pure*	τρώγω,ἔφαγον *eat*
λευκός,ή,όν *white*	φῶς,φωτός, τὸ, *light, fire*
μέλας,μέλαινα,μέλαν *black*	χείρ,χειρός, ἡ, *hand*

TRANSLATION

1. Καὶ προσελθὼν ἤγειρεν αὐτὴν κρατήσας τῆς χειρός. 2. Ὁ τρώγων μου τὴν σάρκα καὶ πίνων μου τὸ αἷμα ἐν ἐμοὶ μένει κἀγὼ[1] ἐν αὐτῷ. 3. Καὶ ἔρχονται ἡ μήτηρ αὐτοῦ καὶ οἱ ἀδελφοὶ αὐτοῦ καὶ ἔξω στήκοντες ἀπέστειλαν πρὸς αὐτὸν καλοῦντες αὐτόν. 4. Καὶ ἔλεγεν Ὃς ἔχει ὦτα ἀκούειν ἀκουέτω. 5. Καὶ ἔλεγεν αὐτοῖς Οὕτως ἐστὶν ἡ βασιλεια τοῦ θεοῦ ὡς ἄνθρωπος βάλῃ[2] τὸν σπόρον ἐπὶ τῆς γῆς καὶ καθεύδῃ καὶ ἐγείρηται νύκτα καὶ ἡμέραν, καὶ ὁ σπόρος βλαστᾷ καὶ μηκύνηται ὡς οὐκ οἶδεν αὐτός. 6. Σῖτός εἰμι θεοῦ καὶ δι' ὀδόντων θηρίων ἀλήθομαι ἵνα καθαρὸς ἄρτος εὑρεθῶ τοῦ Χριστοῦ. 7. Χριστὸν δὲ ἠγνοήκασιν, οὐ τί αἱ θεῖαι λέγουσιν γραφαὶ ζητοῦντες. 8. Ἀμὴν λέγω ὑμῖν ὅτι οὐ μὴ παρέλθῃ ἡ γενεὰ αὕτη μέχρις οὗ[3] ταῦτα πάντα γένηται. 9. Καὶ ἐξῆλθον οἱ μαθηταὶ καὶ ἦλθον εἰς τὴν πόλιν καὶ ἡτοίμασαν τὸ πάσχα. 10. Καὶ εἶπεν αὐτοῖς Τοῦτό ἐστιν τὸ αἷμά μου τῆς διαθήκης τὸ ἐκχυννόμενον ὑπὲρ πολλῶν· ἀμὴν λέγω ὑμῖν ὅτι οὐκέτι οὐ μὴ πίω ἐκ τοῦ γενήματος τῆς ἀμπέλου ἕως τῆς ἡμέρας ἐκείνης ὅταν αὐτὸ πίνω καινὸν ἐν τῇ βασιλείᾳ τοῦ θεοῦ. 11. Ἐὰν δέῃ με συναποθανεῖν σοι, οὐ μή σε ἀπαρνήσομαι. 12. Καὶ ἔσονται οἱ δύο εἰς σάρκα μίαν. 13. Καὶ ὁ Πέτρος ἀπὸ μακρόθεν ἠκολούθησεν αὐτῷ ἕως ἔσω εἰς τὴν αὐλὴν τοῦ ἀρχιερέως, καὶ ἦν συγκαθήμενος **μετὰ τῶν ὑπηρετῶν καὶ θερμαινόμενος πρὸς τὸ φῶς.** 14. Οὐ δύνασαι μίαν τρίχα λευκὴν ποιῆσαι ἢ μέλαιναν.

1. This generation is passing away. 2. These generations will pass away. 3. Many kingdoms have passed away. 4. Let him come into the kingdom and be saved. 5. Those are the priests who had come into the court.

[1] Crasis, App. ii. 11. d. [2] Gnomic futuristic? [3] § 97, p. 199.

LESSON L

Irregular Nouns, Negatives in Questions

The following irregular nouns are found in Mark.

ὀδούς	γυνή	ὕδωρ	γόνυ	μέλι
ὀδόντος	γυναικός	ὕδατος	γόνατος	μέλιτος
ὀδόντι	γυναικί	ὕδατι	γόνατι	μέλιτι
ὀδόντα	γυναῖκα	ὕδωρ	γόνυ	μέλι
ὀδόντες	γυναῖκες	ὕδατα	γόνατα	μέλιτα
ὀδόντων	γυναικῶν	ὑδάτων	γονάτων	μελίτων
ὀδοῦσι	γυναιξί	ὕδασι	γόνασι	μέλισι
ὀδόντας	γυναῖκας	ὕδατα	γόνατα	μέλιτα

SYNTAX

a. Μή is used in questions anticipating a negative answer, e.g., μὴ τῶν βοῶν μέλει τῷ θεῷ; *God isn't concerned about the cattle, is he?*

Οὐ is used in questions anticipating an affirmative answer, e.g., ταῦτα οὐ γινώσκεις; *you know these things, don't you?*

b. Πρίν, with or without ἤ, usually takes the infinitive, e.g., πρὶν Ἀβραὰμ γενέσθαι ἐγὼ εἰμί· *before Abraham came into being, I am.*

Πρίν may also take the subjunctive or optative.

PRACTICE

Learn the principal parts of ἔχω.

Identify the following forms: ἔχοντας, ἕξουσιν, ἔχει, ἔσχεν, εἶχον, ἔχοντος, ἐχομένη, ἐχόμενα, ἔσχηκα, εἴχοσαν, ἔχων, ἐσχηκότα, ἔχε, ἔχοντι, σχῶμεν, ἐχέτω, ἐσχήκαμεν, εἶχαν, ἔχῃ.

VOCABULARY

ἄγριος,ᾱ,ον *wild*

ἀθάνατος,ον *immortal*

ἀκρίς,-ίδος *grasshopper*

ἀσπάζομαι *greet, salute*

βασιλεύς *king*

γαμέω *marry*

γενέσια, τὰ, *birthday party*

γόνυ, γόνατος, τὸ, *knee*

γυνή, γυναικός *woman, wife*

δειλός,ή,όν *cowardly*

δεῖπνον *dinner (the main meal)*

δερμάτινος,η,ον *made of hide*

ἔθνος,τὸ, *nation, heathen*

ἐλεέω *pity, have mercy on*

ἐμπτύω *spit on*

ἐν ᾧ *while*

εὔκαιρος, ον *opportune, free*

ἔσθω *eat*

κάλαμος *reed*

λυπέω *make sad, be sad*

μεγιστάν,-ᾶνος *prominent man*

μέλι,-ιτος, τὸ, *honey*

μήτι *can it be that?*

νυμφών,-ῶνος *bridal chamber*

ὀδούς,ὀδόντος, ὁ, *tooth*

ὀρχέομαι *dance*

ὀσφύς,-ύος, ἡ *waist*

προσκυνέω *bow before, worship*

τύπτω *strike*

ὕδωρ,ὕδατος, τὸ, *water*

χιλίαρχος *tribune, colonel*

TRANSLATION

1. Καὶ ἤρξαντο ἀσπάζεσθαι αὐτὸν Χαῖρε βασιλεῦ τῶν Ἰουδαίων· καὶ ἔτυπτον αὐτοῦ τὴν κεφαλὴν καλάμῳ καὶ ἐνέπτυον αὐτῷ καὶ τιθέντες τὰ γόνατα[1] προσεκύνουν αὐτῷ. 2. Ἀκούσας δὲ ὁ Ἡρῴδης ἔλεγεν Ὃν ἐγὼ ἀπεκεφάλισα Ἰωάννην, οὗτος ἠγέρθη· αὐτὸς γὰρ ὁ Ἡρῴδης ἀποστείλας ἐκράτησεν τὸν Ἰωάννην καὶ ἔδησεν αὐτὸν ἐν φυλακῇ διὰ Ἡρῳδιάδα τὴν γυναῖκα Φιλίππου τοῦ ἀδελφοῦ αὐτοῦ, ὅτι αὐτὴν ἐγάμησεν. 3. Καὶ γενομένης ἡμέρας εὐκαίρου ὅτε Ἡρῴδης τοῖς γενεσίοις αὐτοῦ δεῖπνον ἐποίησεν τοῖς μεγιστᾶσιν αὐτοῦ καὶ τοῖς χιλιάρχοις καὶ τοῖς πρώτοις τῆς

[1] See Idioms, page 130.

Γαλιλαίας, καὶ εἰσελθούσης τῆς θυγατρὸς αὐτοῦ Ἡρῳδιάδος καὶ ὀρχησαμένης, ἤρεσεν τῷ Ἡρῴδῃ καὶ τοῖς συνανακειμένοις. 4. Καὶ ἦν ὁ Ἰωάννης ἐνδεδυμένος τρίχας καμήλου καὶ ζώνην δερματίνην περὶ τὴν ὀσφὺν αὐτοῦ, καὶ ἔσθων ἀκρίδας καὶ μέλι ἄγριον. 5. Ἅγιος ὁ θεός, ἅγιος ἰσχυρός, ἅγιος ἀθάνατος, ἐλέησον ἡμᾶς. 6. Ἐγὼ ἐβάπτισα ὑμᾶς ὕδατι, αὐτὸς δὲ βαπτίσει ὑμᾶς πνεύματι ἁγίῳ. 7. Καὶ εἶπεν αὐτοῖς ὁ Ἰησοῦς Μὴ δύνανται οἱ υἱοὶ τοῦ νυμφῶνος ἐν ᾧ¹ ὁ νυμφίος μετ᾽ αὐτῶν ἐστιν νηστεύειν; 8. Καὶ εἶπεν αὐτοῖς Τί δειλοί ἐστε; οὔπω ἔχετε πίστιν; 9. Οὐ γέγραπται ὅτι Ὁ οἶκός μου οἶκος προσευχῆς κληθήσεται πᾶσιν τοῖς ἔθνεσιν; 10. Ὁ Ἰησοῦς εἶπεν Ἀμὴν λέγω ὑμῖν ὅτι εἷς ἐξ ὑμῶν παραδώσει με. ἤρξαντο λυπεῖσθαι καὶ λέγειν αὐτῷ εἷς κατὰ¹ εἷς Μήτι ἐγώ; 11. Πρὶν ἀλέκτορα δὶς φωνῆσαι τρίς με ἀπαρνήσῃ. 12. Κύριε ἐλέησον.

1. John had a leather belt. 2. Shall we have honey? 3. Let the heathen eat grasshoppers. 4. This is the belt of the one who sent me. 5. I saw the women who were bowing down before him.

¹ See Idioms, page 130.

LESSON LI
Foreign Names in -ΑΣ, -ΗΣ, -ΟΥΣ
Adjectives in -ΗΣ

Certain Hebrew names have developed declensional endings as follows:

N.	Ἰησοῦς	Μωϋσῆς	Σατανᾶς	Ἰώσης
G.	Ἰησοῦ	Μωϋσέως	Σατανᾶ	Ἰωσῆτος, Ἰωσῆ
D.	Ἰησοῦ	Μωϋσεῖ, Μωϋσῇ	Σατανᾷ	
A.	Ἰησοῦν	Μωϋσῆν, Μωϋσέα	Σατανᾶν	
V.	Ἰησοῦ	Μωϋσῆ	Σατανᾶ	

Adjectives in -ης are declined as follows:

Personal M. & F.	Impersonal N.	Personal M. & F.	Impersonal N.
ὑγιής	ὑγιές	ὑγιεῖς	ὑγιῆ
ὑγιοῦς		ὑγιῶν	
ὑγιεῖ		ὑγιέσι	
ὑγιῆ	ὑγιές	ὑγιεῖς	ὑγιῆ

Note that here, as elsewhere, there is a tendency to employ two gender categories personal and impersonal, instead of the better known three: masculine, feminine, and neuter.

SYNTAX

Sometimes a relative pronoun is attracted into the case of its antecedent, e.g., ὑπὲρ τῆς γνώσεως ἧς ἐγνώρισας ἡμῖν; *for the knowledge which you have made known to us.*

PRACTICE

Learn the principal parts of λέγω.

Identify the following forms: λεγόμενος, ἐρεῖ, ῥηθέν, εἴρηκα, λέγοντος, ἐρῶ, λέγουσα, εἰπών, λέγωσιν, εἴπωμεν, εἶπαν, ἔλεγεν, εἴπατε, ἐροῦσιν, εἰρημένον, εἴρηται, ἐρρέθη, ἐρρέθησαν, ἔφη, εἰπόν.

VOCABULARY

ἀλάβαστρος, ἡ, alabaster bottle

ἀληθής,ες true

ἀσθενής,-ές weak, sick

γρηγορέω be awake, be wide awake

εἰρήνη peace

ἐλέγχω reprove

κατακλείω shut up

καταχέω pour

μέλει it is a concern

νάρδος, ἡ. spikenard

πειρασμός test, temptation

πιστικός, ή, όν genuine, pure, pistachio (?)

πλήρης,-ες full

πολυτελής,-ές expensive, precious

πρόθυμος,ον willing, ready

ὑγιής,-ές healthy, sensible

TRANSLATION

1. Καὶ ἦν ἐν τῇ ἐρήμῳ τεσσεράκοντα ἡμέρας πειραζόμενος ὑπὸ τοῦ Σατανᾶ, καὶ ἦν μετὰ τῶν θηρίων, καὶ οἱ ἄγγελοι διηκόνουν αὐτῷ. 2. Καὶ οἱ γραμματεῖς τῶν Φαρισαίων ἰδόντες ὅτι ἐσθίει μετὰ τῶν ἁμαρτωλῶν καὶ τελωνῶν ἔλεγον τοῖς μαθηταῖς αὐτοῦ Ὅτι[1] μετὰ τῶν τελωνῶν καὶ ἁμαρτωλῶν ἐσθίει; 3. Καὶ ἐπηρώτων αὐτὸν λέγοντες Ὅτι λέγουσιν οἱ γραμματεῖς ὅτι Ἠλείαν δεῖ ἐλθεῖν πρῶτον; 4. Καὶ εἰσελθόντος αὐτοῦ εἰς οἶκον οἱ μαθηταὶ αὐτοῦ κατ᾽ ἰδίαν[2] ἐπηρώτων αὐτὸν Ὅτι ἡμεῖς οὐκ ἠδυνήθημεν ἐκβαλεῖν αὐτό; 5. Ἡ δὲ Μαρία ἡ Μαγδαληνὴ καὶ Μαρία ἡ Ἰωσῆτος ἐθεώρουν ποῦ τέθειται. 6. Οὐχ οὗτός ἐστιν ὁ τέκτων, ὁ υἱὸς τῆς Μαρίας καὶ ἀδελφὸς Ἰακώβου καὶ Ἰωσῆτος καὶ Ἰούδα καὶ Σίμωνος; 7. Θυγάτηρ, ἡ πίστις σου σέσωκέν σε· ὕπαγε εἰς εἰρήνην, καὶ ἴσθι ὑγιὴς ἀπὸ τῆς μάστιγός σου. 8. Καὶ ὄντος αὐτοῦ ἐν Βηθανίᾳ ἐν τῇ οἰκίᾳ Σίμωνος τοῦ λεπροῦ κατακειμένου αὐτοῦ ἦλθεν γυνὴ ἔχουσα ἀλάβαστρον μύρου νάρδου πιστικῆς πολυτελοῦς· συντρίψασα τὴν ἀλάβαστρον κατέχεεν αὐτοῦ τῆς κεφαλῆς. 9. Καὶ οὐ μνημονεύετε ὅτε τοὺς πέντε ἄρτους ἔκλασα εἰς τοὺς πεντακισχιλίους, πόσους κοφίνους κλασμάτων πλήρεις ἤρατε; 10. Γρηγορεῖτε καὶ προσεύχεσθε ἵνα μὴ ἔλθητε εἰς πειρασμόν· τὸ μὲν πνεῦμα πρόθυμον ἡ δὲ σὰρξ ἀσθενής. 11. Καὶ ἐλθόντες λέγουσιν αὐτῷ Διδάσκαλε, οἴδαμεν ὅτι ἀληθὴς εἶ καὶ οὐ μέλει σοι περὶ οὐδενός, οὐ γὰρ βλέπεις εἰς πρόσωπον ἀνθρώπων, ἀλλ᾽ ἐπ᾽ ἀληθείας τὴν ὁδὸν τοῦ θεοῦ διδάσκεις. 12. Ἐλεγχόμενος περὶ πάντων ὧν ἐποίησεν πονηρῶν ὁ Ἡρῴδης κατέκλεισεν τὸν Ἰωάννην ἐν φυλακῇ.

[1] See Lesson xlv, Syntax b.
[2] See Idioms, p. 130.

1. After he had spoken to her she came. 2. He will speak to his own. 3. While he was being tempted he saw Satan. 4. While they were in Jerusalem they remembered the five loaves. 5. They told him after they had come.

Z
Φ Ω Σ
H

LESSON LII

Comparison of Adjectives
Adjectives in -ΥΣ, -ΕΙΑ, -Υ

Adjectives have positive, comparative, and superlative forms, e.g., ἰσχυρός, ἰσχυρότερος, ἰσχυρότατος.

If the penult of the positive degree is short, the antepenult of the comparative and superlative is lengthened, in adjectives ending in -ος, e.g., εὔκοπος, εὐκοπώτερος, εὐκοπώτατος.

Most adjectives form the comparative and superlative with -τερος and -τατος, but some have -ων and -ιστος, especially certain irregular adjectives, e.g..

ἀγαθός	κρείσσων	κράτιστος
κακός	χείρων	χείριστος
καλός	καλλίων	κάλλιστος
μέγας	μείζων	μέγιστος
μικρός	ἐλάσσων	ἐλάχιστος
πολύς	πλείων	πλεῖστος

Comparatives in -ων are declined as follows:

SINGULAR		PLURAL	
(M. & F.)	(N.)	(M. & F.)	(N.)
N. πλείων	πλεῖον	πλείονες	πλείονα
G. πλείονος		πλειόνων	
D. πλείονι		πλείοσι	
A. πλείονα	πλεῖον	πλείονας	πλείονα

Adjectives of three endings, in -υς, -εια, -υ, are declined as follows:

εὐθύς	εὐθεῖα	εὐθύ	εὐθεῖς	εὐθεῖαι	εὐθέα
εὐθέως	εὐθείας	εὐθέως	εὐθέων	εὐθειῶν	εὐθέων
εὐθεῖ	εὐθείᾳ	εὐθεῖ	εὐθέσι	εὐθείαις	εὐθέσι
εὐθύν	εὐθεῖαν	εὐθύ	εὐθεῖς	εὐθείας	εὐθέα

SYNTAX

a. In comparison *than* is expressed by the genitive case, or by the particle ἤ, e.g., ἰσχυρότεροι αὐτοῦ, *stronger than he;* πλεῖον ἢ ἄρτοι πέντε, *more than five loaves.*

The Κοινή often uses the comparative for the superlative, e.g., μικρότερον πάντων τῶν σπερμάτων, *smallest of all the seeds.*

PRACTICE

Learn the principal parts of αἴρω.

Identify the following forms: ἀροῦσιν, ἆρον, αἴρει, ἦρεν, ἄρῃ, ἄρας, ἄρατε, ἀρθήσεται, αἶρε, ἦραν, ἄρθητι, ἆραι, ἀρθῶσιν, αἴρωσιν, αἴροντος, αἰρόμενον, ἄραντες, ἀρθήτω, ἄρῃς, ἤρθη, ἀρθῇ, ἦρκεν, ἤρατε.

VOCABULARY

ἐπίβλημα *patch*	εὐθύς *immediately*
ἐπιράπτω *sew on*	εὔκοπος,ον *easy*

εὐλογέω bless
ἔτος, τό, year
ἡμέτερος, ᾱ, ον our (when possessor is plural)
ἰατρός physician
λάχανον vegetable
μᾶλλον more, rather when
πάσχω,ἔπαθον suffer

πλήρωμα fullness, completion
ῥάκος,τό, piece of cloth
ῥύσις,-εως flowing
σχίσμα tear, split
τρίβος, ἡ, path
ὑψηλός,ή,όν high
ὡσαννά, Heb., hosanna!
ὠφελέω help

TRANSLATION

1. Ὡσαννά·
   Εὐλογημένος ὁ ἐρχόμενος ἐν ὀνόματι Κυρίου·
   Εὐλογημένη ἡ ἐρχομένη βασιλεία τοῦ πατρὸς ἡμῶν Δαυείδ·
   Ὡσαννά ἐν τοῖς ὑψίστοις.

2. Τί ἐμοὶ καὶ σοί, Ἰησοῦ υἱὲ τοῦ θεοῦ τοῦ ὑψίστου; 3. Καὶ συνάγεται πρὸς αὐτὸν ὄχλος πλεῖστος, ὥστε αὐτὸν εἰς πλοῖον ἐμβάντα καθῆσθαι ἐν τῇ θαλάσσῃ, καὶ πᾶς ὁ ὄχλος πρὸς τὴν θάλασσαν ἐπὶ τῆς γῆς ἦσαν. 4. Καὶ ἐκήρυσσεν ὁ Ἰωάννης λέγων Ἔρχεται ὁ ἰσχυρότερός μου ὀπίσω μου οὗ οὐκ εἰμὶ ἱκανὸς κύψας λῦσαι τὸν ἱμάντα τῶν ὑποδημάτων αὐτοῦ.

5. Φωνὴ βοῶντος ἐν τῇ ἐρήμῳ
   Ἑτοιμάσατε τὴν ὁδὸν Κυρίου,
   Εὐθείας ποιεῖτε τὰς τρίβους αὐτοῦ.

6. Καὶ γυνὴ οὖσα ἐν ῥύσει αἵματος δώδεκα ἔτη καὶ πολλὰ παθοῦσα ὑπὸ πολλῶν ἰατρῶν καὶ δαπανήσασα τὰ παρ' αὐτῆς πάντα καὶ μηδὲν ὠφεληθεῖσα ἀλλὰ μᾶλλον εἰς τὸ χεῖρον ἐλθοῦσα, ἀκούσασα τὰ περὶ τοῦ Ἰησοῦ, ἐλθοῦσα ἐν τῷ ὄχλῳ ὄπισθεν ἥψατο τοῦ ἱματίου αὐτοῦ· ἔλεγεν γὰρ ὅτι

Ἐὰν ἅψωμαι κἂν¹ τῶν ἱματίων αὐτοῦ σωθήσομαι. 7. Τί ἐστιν εὐκοπώτερον, εἰπεῖν Ἀφίενταί σου αἱ ἁμαρτίαι· ἢ Ἐγείρου καὶ ἆρον τὸν κράβαττόν σου καὶ περιπάτει; 8. Οὐδεὶς ἐπίβλημα ῥάκους ἀγνάφου ἐπιράπτει ἐπὶ ἱμάτιον παλαιόν· εἰ δὲ μή² αἴρει τὸ πλήρωμα ἀπ' αὐτοῦ τὸ καινὸν τοῦ παλαιοῦ, καὶ χεῖρον σχίσμα γίνεται. 9. Καὶ γίνεται μεῖζον πάντων τῶν λαχάνων. 10. Ἡ χήρα αὕτη ἡ πτωχὴ πλεῖον πάντων ἔβαλεν τῶν βαλλόντων εἰς τὸ γαζοφυλάκιον. 11. Οὐ γὰρ ἐπαισχύνομαι τὸ εὐαγγέλιον, δύναμις γὰρ τοῦ θεοῦ ἐστιν παντὶ τῷ πιστεύοντι. 12. Ἀκούομεν λαλούντων αὐτῶν ταῖς ἡμετέραις γλώσσαις.

1. Pick up the sandals. 2. After you have picked them up, untie them. 3. The new sandals are worse than the old ones. 4. The new road is better than the old. 5. You will see the man who is picking up the rags.

LESSON LIII
REFLEXIVE AND RECIPROCAL PRONOUNS
MH CLAUSES
REFLEXIVE
First Person

G. ἐμαυτοῦ	ἐμαυτῆς	ἡμῶν αὐτῶν	ἡμῶν αὐτῶν
D. ἐμαυτῷ	ἐμαυτῇ	ἡμῖν αὐτοῖς	ἡμῖν αὐταῖς
A. ἐμαυτόν	ἐμαυτήν	ἡμᾶς αὐτούς	ἡμᾶς αὐτάς

Second Person

G. σεαυτοῦ	σεαυτῆς	ὑμῶν αὐτῶν	ὑμῶν αὐτῶν
D. σεαυτῷ	σεαυτῇ	ὑμῖν αὐτοῖς	ὑμῖν αὐταῖς
A. σεαυτόν	σεαυτήν	ὑμᾶς αὐτούς	ὑμᾶς αὐτάς

¹ Crasis. See Appendix ii.11.d.
² See Idioms, p. 130.

Third Person

G. ἑαυτοῦ	ἑαυτῆς	ἑαυτῶν	ἑαυτῶν
D. ἑαυτῷ	ἑαυτῇ	ἑαυτοῖς	ἑαυταῖς
A. ἑαυτόν	ἑαυτήν	ἑαυτούς	ἑαυτάς

Self is expressed, in the nominative of all persons, by nominative forms of αὐτός.

RECIPROCAL

G. ἀλλήλων	ἀλλήλων	ἀλλήλων
D. ἀλλήλοις	ἀλλήλαις	ἀλλήλοις
A. ἀλλήλους	ἀλλήλας	ἄλληλα

SYNTAX

a. Subordinate clauses of warning against an action, are introduced by μή, and have their verb in the aorist subjunctive or future indicative, e.g., ὁ δοκῶν ἑστάναι βλεπέτω μὴ πέσῃ· *let the one who seems to be established look out he doesn't fall* (*lest he fall*).

b. The third person reflexive was often substituted for the first and second persons, e.g., ὥστε μαρτυρεῖτε ἑαυτοῖς, *so you testify against yourselves.*

PRACTICE

Learn the principal parts of ὁράω.

Identify the following forms: ἰδεῖν, ἑωρακέναι, ὁρᾶν, ὄψεσθαι, ἑώρακεν, ὄψονται, ἑωράκατε, ὁρῶν, ὤφθησαν, ἑωρακώς, ὅρα, ὀψόμεθα, ἑώρακας, ὁρῶντες, εἴδομεν, ὁρῶσαι, ὄψεσθε, ὄψῃ, ἑωρακότες, ἑώρων, ὤφθη. ὀφθήσομαι, εἶδον, ἑωράκασιν, εἴδαμεν, ὁρᾷ, ὀφθείς, εἶδαν, βλεπόμενα.

VOCABULARY

ἄζυμος,ον *unleavened*
ἀλεκτοροφωνία *crowing of a rooster*
ἀλλήλων *of one another*
ἅλς, ἁλός, ὁ, *salt*
ἄρα *then, therefore*

ἄρσην,-εν male
δόλος deceit, treachery
ἑαυτοῦ of himself
εἰρηνεύω be peaceful
ἐλεύθερος,ᾱ,ον free
Ἕλλην,-νος a Greek
ἐμαυτοῦ of myself
ἕνεκεν(τινός) on account of
ἔνι there is, there can be
ἐξαίφνης suddenly
θῆλυς, εῖα, υ female
ἱμάτιον outer garment

λαός a people, crowd
μερίζω divide
μεσονύκτιον midnight
μήποτε lest, whether, perhaps
ὁμοίως in the same way
πετρώδης,-ες rocky
πρόσκαιρος,ον temporary
πρωΐ early in the morning
ῥίζα root
σεαυτοῦ of yourself
τέλος, τό, end

TRANSLATION

1. Ὁρκίζω σε τὸν θεόν, μή με βασανίσῃς. 2. Ἦν δὲ τὸ πάσχα καὶ τὰ ἄζυμα μετὰ δύο ἡμέρας. καὶ ἐζήτουν οἱ ἀρχιερεῖς καὶ οἱ γραμματεῖς πῶς αὐτὸν ἐν δόλῳ κρατήσαντες ἀποκτείνωσιν, ἔλεγον γὰρ Μὴ ἐν τῇ ἑορτῇ, μήποτε ἔσται θόρυβος τοῦ λαοῦ. 3. Γρηγορεῖτε οὖν, οὐκ οἴδατε γὰρ πότε ὁ κύριος τῆς οἰκίας ἔρχεται, ἢ ὀψὲ ἢ μεσονύκτιον ἢ ἀλεκτοροφωνίας ἢ πρωΐ, μὴ ἐλθὼν ἐξέφνης εὕρῃ ὑμᾶς καθεύδοντας· ὃ δὲ ὑμῖν λέγω πᾶσιν λέγω, γρηγορεῖτε. 4. Ὁμοίως καὶ οἱ ἀρχιερεῖς ἐμπαίζοντες πρὸς ἀλλήλους μετὰ τῶν γραμματέων ἔλεγον Ἄλλους ἔσωσεν, ἑαυτὸν οὐ δύναται σῶσαι. 5. Ὃς γὰρ ἐὰν θέλῃ τὴν ἑαυτοῦ ψυχὴν σῶσαι ἀπολέσει αὐτήν, ὃς δ' ἂν ἀπολέσῃ τὴν ψυχὴν αὐτοῦ ἕνεκεν τοῦ εὐαγγελίου σώσει αὐτήν. 6. Ἐὰν βασιλεία ἐφ' ἑαυτὴν μερισθῇ, οὐ δύναται σταθῆναι ἡ βασιλεία ἐκείνη· καὶ ἐὰν οἰκία ἐφ' ἑαυτὴν μερισθῇ, οὐ δύναται ἡ οἰκία ἐκείνη στῆναι· καὶ εἰ ὁ Σατανᾶς ἀνέστη ἐφ' ἑαυτὸν καὶ ἐμερίσθη, οὐ δύναται στῆναι ἀλλὰ τέλος ἔχει. 7. Καὶ ἔλεγον πρὸς ἀλλήλους

Τίς ἄρα οὗτός ἐστιν; 8. Ἔχετε ἐν ἑαυτοῖς ἅλα, καὶ εἰρηνεύετε ἐν ἀλλήλοις. 9. Πάντοτε γὰρ τοὺς πτωχοὺς ἔχετε μεθ᾿ ἑαυτῶν, καὶ ὅταν θέλητε δύνασθε αὐτοῖς εὖ ποιῆσαι. 10. Καὶ οὗτοί εἰσιν ὁμοίως οἱ ἐπὶ τὰ πετρώδη σπειρόμενοι, οἳ ὅταν ἀκούσωσιν τὸν λόγον εὐθὺς μετὰ χαρᾶς λαμβάνουσιν αὐτόν, καὶ οὐκ ἔχουσιν ῥίζαν ἐν ἑαυτοῖς ἀλλὰ πρόσκαιροί εἰσιν. 11. Αὐτὸς Δαυὶδ λέγει αὐτὸν κύριον, καὶ πόθεν αὐτοῦ ἐστιν υἱός; 12. Ὅσοι γὰρ εἰς Χριστὸν ἐβαπτίσθητε, Χριστὸν ἐνεδύσασθε· οὐκ ἔνι Ἰουδαῖος οὐδὲ Ἕλλην, οὐκ ἔνι δοῦλος οὐδὲ ἐλεύθερος, οὐκ ἔνι ἄρσεν καὶ θῆλυ· πάντες γὰρ ὑμεῖς εἷς ἐστε ἐν Χριστῷ Ἰησοῦ.

1. Look out, lest they come suddenly! 2. Watch out you don't fall! 3. Stay awake, so they won't kill you. 4. While they were dividing his clothes they made fun of him. 5. The things that are seen are temporary.

LESSON LIV
Contract Verbs in -ΟΩ

Like other contract verbs, those in -οω differ from the regular verb only in the present and imperfect.

Learn the contracted forms given on pages 172-173

PRACTICE

Learn the principal parts of σταυρόω.

Learn the principal parts of φέρω.

Identify the following forms: ἐνεγκεῖν, ἔφερεν, φέρε, φέρουσαν, οἴσει, ἤνεγκεν, φέρειν, φερόμεθα, φέρεσθαι. ἔφερον, φέροντες, φερομένην, ἠνέχθη, φέρουσιν.

VOCABULARY

αἰτία *cause, accusation, blame*

βούλομαι *wish*

διαμερίζω *divide into parts*

διαφέρω *carry thru, differ, excel*

εἴτε...εἴτε *whether...or*

ἔξωθεν *from outside*

ἐπιγράφω *write on, inscribe*

κλάδος *branch*

κλῆρος *lot*

κοινόω *pollute, defile, profane*

κόκκος *a seed*

ὁμοιόω *compare*

ὀνειδίζω *blame, insult*

παραπορεύομαι *go past*

σελήνη *moon*

υἰνάπι,εως, τό, *mustard*

σταυρόω *crucify*

συσσταυρόω, συνεσταύρωσα *crucify with*

φραγελλόω *lash, scourge*

TRANSLATION

1. Πῶς ὁμοιώσωμεν τὴν βασιλείαν τοῦ θεοῦ, ἢ ἐν τίνι παραβολῇ θῶμεν;[1] ὡς κόκκῳ σινάπεως ὃς ὅταν σπαρῇ ἐπὶ τῆς γῆς μικρότερον ὂν πάντων τῶν σπερμάτων τῶν ἐπὶ τῆς γῆς— καὶ ὅταν σπαρῇ ἀναβαίνεται καὶ γίνεται μεῖζον πάντων τῶν λαχάνων καὶ ποιεῖ κλάδους μεγάλους. 2. Καὶ προσκαλεσάμενος πάλιν τὸν ὄχλον ἔλεγεν αὐτοῖς Ἀκούσατέ μου πάντες. οὐδέν ἐστιν ἔξωθεν τοῦ ἀνθρώπου εἰσπορευόμενον εἰς αὐτὸν ὃ δύναται κοινῶσαι αὐτόν· ἀλλὰ τὰ ἐκ τοῦ ἀνθρώπου ἐκπορευόμενά ἐστιν τὰ κοινοῦντα τὸν ἄνθρωπον. πάντα τὰ πονηρὰ ἔσωθεν ἐκπορεύεται καὶ κοινοῖ τὸν ἄνθρωπον. 3. Οἱ δὲ πάλιν ἔκραξαν Σταύρωσον αὐτόν. 4. Ὁ δὲ Πιλᾶτος βουλόμενος τῷ ὄχλῳ τὸ ἱκανὸν ποιῆσαι ἀπέλυσεν αὐτοῖς τὸν Βαρραβᾶν, καὶ παρέδωκεν[2] τὸν Ἰησοῦν φραγελλώσας ἵνα σταυρώσωσιν αὐτόν, καὶ ἀγγαρεύουσιν παράγοντά τινα Σίμωνα Κυρηναῖον ἵνα ἄρῃ τὸν

[1] Second aorist subjunctive. See table at beginning of Lesson xli.
[2] See table of irregular verbs at end of Appendix iii.

σταυρὸν αὐτοῦ. 5. Καὶ σταυροῦσιν αὐτὸν καὶ διαμερίζονται
τὰ ἱμάτια αὐτοῦ, βάλλοντες κλῆρον ἐπ᾽ αὐτὰ τίς τί ἄρῃ.
6. Ἦν δὲ ὥρα τρίτη καὶ ἐσταύρωσαν αὐτόν. 7. Καὶ ἦν ἡ
ἐπιγραφὴ τῆς αἰτίας αὐτοῦ ἐπιγεγραμμένη Ο ΒΑΣΙΛΕΥΣ
ΤΩΝ ΙΟΥΔΑΙΩΝ. 8. Καὶ σὺν αὐτῷ σταυροῦσιν δύο
λῃστάς. καὶ οἱ παραπορευόμενοι ἐβλασφήμουν αὐτόν.
Ἄλλους ἔσωσεν, ἑαυτὸν οὐ δύναται σῶσαι. καὶ οἱ συν-
εσταυρωμένοι σὺν αὐτῷ ὠνείδιζον αὐτόν. 9. Ἄλλη δόξα
σελήνης, καὶ ἄλλη δόξα ἀστέρων, ἀστὴρ γὰρ ἀστέρος δια-
φέρει ἐν δόξῃ. οὕτως καὶ ἡ ἀνάστασις τῶν νεκρῶν.
10. Σὰρξ καὶ αἷμα βασιλείαν θεοῦ κληρονομῆσαι οὐ
δύναται. 11. Καὶ γὰρ ἐν ἑνὶ πνεύματι ἡμεῖς πάντες ἐβαπ-
τίσθημεν, εἴτε Ἰουδαῖοι εἴτε Ἕλληνες.

1. Let them crucify him! 2. You crucify him!
3. Who crucified Jesus? 4. Who was crucified with
him? 5. Who carried his cross?

LESSON LV
VERBS IN -MI

In the first person singular of the indicative active
-μι is an older ending than -ω. In classical Greek a
number of verbs still retained the -μι ending. At the
time of the writing of the New Testament this ending
had almost entirely disappeared from the colloquial.
Literary writers, however, continued to use it with a
number of verbs. New Testament grammars and lexi-
cons usually give these verbs with -μι endings.

In the present and imperfect indicative these verbs
are athematic, i.e., have no theme vowel.

The following forms of ἀφίημι are found in the

New Testament(non-Marcan forms in parentheses).

Active

PRESENT	IMPERFECT	FUTURE	AORIST
Indicative			
(ἀφίημι) Jn.		(ἀφήσω) Mt. Jn.	(ἀφῆκα) Mt.
		(ἀφήσεις) Lk.	(ἀφῆκες) Rev.
(ἀφίησιν) Mt. Lk. Jn.	ἤφιεν	(ἀφήσει) Mt.	ἀφῆκεν
(ἀφίομεν) Mt.			ἀφήκαμεν
ἀφίετε			(ἀφήκατε) Mt.
ἀφίουσιν			ἀφῆκαν

Subjunctive			
			ἀφῇ
			(ἀφῶμεν) Jn.
			(ἀφῆτε) Mt. Jn.

Imperative		
		ἄφες
(ἀφιέτω) 1 Co.		
ἀφίετε		ἄφετε

Infinitive	
ἀφιέναι	(ἀφεῖναι) Lk.

Participle	
	ἀφείς

Middle and Passive

PRESENT		
Indicative		PERFECT
(ἀφίεται) Lk.		
ἀφίενται		(ἀφέωνται) Lk., 1 Jn.

Passive

Indicative	ἀφεθήσεται	(ἀφέθησαν) Rm.
Subjunctive		ἀφεθῇ

PRACTICE

Learn the present, imperfect and aorist of δίδωμι, in all voices, as given in Appendix iii.33.

Note the length of the root vowel in the present indicative singular.

VOCABULARY

ἀγρυπνέω   be awake, be watchful

αἰών,-ῶνος, ὁ, eternity

ἁμάρτημα a sin

ἀναπαύω   give rest; mid. voice, rest

ἀντάλλαγμα exchange

ἀπέχω be sufficient, be distant, have received

ἀργύριον silver, piece of silver

ἀριστερός,ά,όν left

βλασφημία blasphemy

γεννάω beget, bring forth

ἐπαγγέλλω promise

εὐκαίρως conveniently

λοιπόν well!

μάχαιρα sword

ξύλον wood, piece of wood, club, staff, tree

οὐαί woe!

ὀφειλέτης debtor

ὀφείλημα debt

προμεριμνάω   be anxious beforehand

συλλαμβάνω arrest

TRANSLATION

1. Ἄφες ἡμῖν τὰ ὀφειλήματα ἡμῶν, ὡς καὶ ἡμεῖς ἀφήκαμεν τοῖς ὀφειλέταις ἡμῶν. 2. Ἀμὴν λέγω ὑμῖν ὅτι πάντα ἀφεθήσεται τοῖς υἱοῖς τῶν ἀνθρώπων, τὰ ἁμαρτήματα καὶ αἱ βλασφημίαι ὅσα ἐὰν βλασφημήσωσιν· ὃς δ' ἂν βλασφημήσῃ εἰς τὸ πνεῦμα τὸ ἅγιον, οὐκ ἔχει ἄφεσιν εἰς τὸν αἰῶνα, ἀλλ' ἔνοχός ἐστιν αἰωνίου ἁμαρτήματος. 3. Καὶ ὅταν ἄγωσιν ὑμᾶς παραδίδοντες, μὴ προμεριμνᾶτε τί λαλήσητε, ἀλλ' ὃ ἐὰν δοθῇ ὑμῖν ἐν ἐκείνῃ τῇ ὥρᾳ τοῦτο λαλεῖτε, οὐ γάρ ἐστε ὑμεῖς οἱ λαλοῦντες ἀλλὰ τὸ πνεῦμα τὸ ἅγιον. 4. Τί γὰρ δοῖ ἄνθρωπος ἀντάλλαγμα[1] τῆς ψυχῆς αὐτοῦ; 5. Καὶ Ἰούδας Ἰσκαριὼθ ὁ εἷς τῶν δώδεκα ἀπῆλθεν πρὸς τοὺς ἀρχιερεῖς ἵνα αὐτὸν παραδοῖ αὐτοῖς. οἱ δὲ ἀκούσαντες ἐχάρησαν καὶ ἐπηγγείλαντο αὐτῷ ἀργύριον δοῦναι. καὶ

---

[1] In apposition with the interrogative.

ἐζήτει πῶς αὐτὸν εὐκαίρως παραδοῖ. 6. Οὐαὶ δὲ τῷ ἀνθρώ-
πῳ ἐκείνῳ δι᾽ οὗ ὁ υἱὸς τοῦ ἀνθρώπου παραδίδοται· καλὸν
αὐτῷ εἰ οὐκ ἐγεννήθη ὁ ἄνθρωπος ἐκεῖνος. 7. Καὶ ἔρχεται
τὸ τρίτον[1] καὶ λέγει αὐτοῖς Καθεύδετε λοιπὸν καὶ ἀναπαύ-
εσθε· ἀπέχει· ἦλθεν ἡ ὥρα, ἰδοῦ παραδίδοται ὁ υἱὸς τοῦ
ἀνθρώπου εἰς τὰς χεῖρας τῶν ἁμαρτωλῶν. ἐγείρεσθε ἄγω-
μεν· ἰδοῦ ὁ παραδιδούς με ἤγγικεν. 8. Δεδώκει δὲ ὁ παρα-
διδοὺς αὐτὸν σύσσημον αὐτοῖς λέγων Ὃν ἂν φιλήσω
αὐτός ἐστιν· κρατήσατε αὐτὸν καὶ ἀπάγετε ἀσφαλῶς.
9. Καὶ ἀποκριθεὶς ὁ Ἰησοῦς εἶπεν αὐτοῖς Ὡς ἐπὶ λῃστὴν
ἐξήλθατε μετὰ μαχαιρῶν καὶ ξύλων συλλαβεῖν με; καὶ
ἀφέντες αὐτὸν ἔφυγον πάντες. 10. Δὸς ἡμῖν ἵνα εἷς σου ἐκ
δεξιῶν καὶ εἷς ἐξ ἀριστερῶν καθίσωμεν ἐν τῇ δόξῃ σου.
11. Βλέπετε ἀγρυπνεῖτε. οὐκ οἴδατε γὰρ πότε ὁ καιρός·

1. Shall we forgive Judas his debt? 2. I am forgiv-
ing the men their debts. 3. I was the one who was be-
traying him. 4. He is the one who betrayed me. 5. She
is the one who is betraying them.

LESSON LVI

VERBS IN -MI, CONTINUED

Learn the conjugation of ἵστημι and τίθημι in the
present, imperfect, and aorist of each voice, as found
in Appendix iii. 33. Forms not given do not occur in
the New Testament, and are rare elsewhere.

See lesson xli for a discussion of the stems.

SYNTAX

The genitive of agent is commonly accompanied by
ὑπό and the passive voice. Other prepositions are
sometimes used.

[1] See Idioms, page 130.

VOCABULARY

ἀγορά *market*
ἄμωμον *a spice*
ἄργυρος *silver*
ἀσθενέω *be weak, be sick*
βύσσινος,η,ον *of fine linen*
γεύομαι,(τινός), *taste*
γόμος *freight*
δείκνυμι, ἔδειξα *show*
διδάσκω *teach*
ἐλεφάντινος,η,ον *ivory*
ἔμπορος *merchant*
ἐναγκαλίζομαι *take in one's arms*
θύϊνος,η,ον *of the sandarac tree*
ἵππος *horse*
κατευλογέω *bless affectionately*
κιννάμωμον *cinnamon*

κόκκινος,η,ον *crimson*
κράσπεδον *fringe, edge*
κρίσις,-εως *judgment*
κτῆνος, τὸ, *beast of burden*
λίβανος *frankincense*
μαργαρίτης *pearl*
μάρμαρος *marble*
μέρος,τὸ, *part*
πενθέω *mourn*
πρόβατον *sheep*
πτῶμα *corpse*
ῥέδη *carriage*
σεμίδαλις,-εως *fine wheat meal*
σιρικός(σηρικός) *silk*
τίμιος, ᾱ,ον *costly, valuable*
χρυσός *gold*

TRANSLATION

1. Καὶ ἀκούσαντες οἱ μαθηταὶ αὐτοῦ ἦλθαν καὶ ἦραν τὸ πτῶμα αὐτοῦ καὶ ἔθηκαν αὐτὸ ἐν μνημείῳ. 2. Καὶ ὅπου ἂν εἰσεπορεύετο εἰς κώμας ἢ εἰς πόλεις ἢ εἰς ἀγροὺς ἐν ταῖς ἀγοραῖς ἐτίθεσαν τοὺς ἀσθενοῦντας, καὶ παρεκάλουν αὐτὸν ἵνα κἂν τοῦ κρασπέδου τοῦ ἱματίου ἅψωνται. καὶ ὅσοι ἂν ἥψαντο αὐτοῦ ἐσῴζοντο. 3. Ὕπαγε σεαυτὸν δεῖξον τῷ ἱερεῖ. 4. Καὶ ἐναγκαλισάμενος αὐτὰ κατευλόγει τιθεὶς τὰς χεῖρας ἐπ' αὐτά. 5. Ἀμὴν λέγω ὑμῖν ὅτι εἰσίν τινες ὧδε τῶν ἑστηκότων οἵτινες οὐ μὴ γεύσωνται θανάτου ἕως ἂν ἴδωσιν τὴν βασιλείαν τοῦ θεοῦ ἐληλυθυῖαν ἐν δυνάμει. 6. Οὐαί, οὐαί,

ἡ πόλις ἡ μεγάλη, Βαβυλὼν ἡ πόλις ἡ ἰσχυρά, ὅτι μιᾷ ὥρᾳ
ἦλθεν ἡ κρίσις σου. καὶ οἱ ἔμποροι τῆς γῆς κλαίουσιν καὶ
πενθοῦσιν ἐπ' αὐτήν, ὅτι τὸν γόμον αὐτῶν οὐδεὶς ἀγοράζει
οὐκέτι, γόμον χρυσοῦ καὶ ἀργύρου καὶ λίθου τιμίου καὶ
μαργαριτῶν καὶ βυσσίνου καὶ πορφύρας καὶ σιρικοῦ καὶ
κοκκίνου, καὶ πᾶν ξύλον θύϊνον καὶ πᾶν σκεῦος ἐλεφάντι-
νον καὶ πᾶν σκεῦος ἐκ ξύλου τιμιωτάτου καὶ χαλκοῦ καὶ
σιδήρου καὶ μαρμάρου, καὶ κιννάμωμον καὶ ἄμωμον καὶ
θυμιάματα καὶ μύρον καὶ λίβανον καὶ οἶνον καὶ ἔλαιον καὶ
σεμίδαλιν καὶ σίτον καὶ κτήνη καὶ πρόβατα, καὶ ἵππων
καὶ ῥεδῶν καὶ σωμάτων καὶ ψυχὰς ἀνθρώπων. 7. Ἐβαπ-
τίζοντο ἐν τῷ Ἰορδάνῃ ποταμῷ ὑπ' αὐτοῦ. 8. Τὸ μέρος
αὐτοῦ μετὰ τῶν ἀπίστων θήσει. 9. Τὴν ψυχήν μου τίθημι
ὑπὲρ τῶν προβάτων. 10. Οὐ καθὼς ὁ κόσμος δίδωσιν ἐγὼ
δίδωμι ὑμῖν 11. Ἀνάστηθι καὶ στῆθι ἐπὶ τοὺς πόδας σου.
12 Ὁ θεὸς διὰ χειρὸς αὐτοῦ δίδωσι σωτηρίαν αὐτοῖς.
13. Τιθέντες τὰ γόνατα προσεκύνουν αὐτῷ. 14. Πᾶς
ἄνθρωπος πρῶτον τὸν καλὸν οἶνον τίθησιν.

1. The horses stood by the carriage. 2. Those who
were standing by did not taste the bread. 3. The
merchants were showing pure pearls in the market.
4. The priests will buy costly incense from Babylon.
5. Who was the abomination of desolation we read
about in Daniel?

LESSON LVII
Second Aorist of ΓΙΝΩΣΚΩ and ΒΑΙΝΩ

Γινώσκω and βαίνω, in the second aorist active, are conjugated as follows:

Ind.	ἔγνων	ἔγνωμεν	ἔβην	ἔβημεν
	ἔγνως	ἔγνωτε	ἔβης	ἔβητε
	ἔγνω	ἔγνωσαν	ἔβη	ἔβησαν
Sub.	γνῶ	γνῶμεν	βῶ	βῶμεν
	γνῷς	γνῶτε	βῇς	βῆτε
	γνῷ(γνοῖ)	γνῶσι	βῇ	βῶσι
Imp.	γνῶθι	γνῶτε	βῆθι(-βα)	βῆτε(-βατε)
	γνώτω	γνώτωσαν	βήτω(-βάτω)	βήτωσαν
Inf.	γνῶναι		βῆναι	
Ptc.	γνούς,γνοῦσα,γνόν		βάς,βᾶσα,βάν	
	γνόντος,γνούσης,γνόντος		βάντος, βάσης, βάντος	

Βαίνω occurs, in the New Testament, only in compounds.

Note that γνω is a cognate of the English *know*.

VOCABULARY

ἀναγινώσκω *read*
διέρχομαι *go thru*
ἔκστασις, -εως *bewilderment*
Ἑλλάς,-άδος, ἡ, *Greece*
ἐξαυτῆς *immediately*
ἔξεστι *it is allowed*
ἐξίστημι *astonish, be out of one's mind*
ἐπιγινώσκω *find out, recognize*
ἐπιστρέφω *turn*

ἐργάζομαι *work*
ἰάομαι, pf.pass., ἴαμαι, *heal*
κοράσιον *little girl, girl*
ξηραίνω *wither, dry up faint*
πεινάω *be hungry*
περιτρέχω,περιέδραμον *run around*
περιφέρω *carry around*
πηγή *fountain, spring, source*
πίναξ,ακος,ὁ, *platter, table*

σπουδή *haste, diligence*   πρόθεσις,εως *offering*

TRANSLATION

1. Καὶ εὐθὺς ἐπιγνοὺς ὁ Ἰησοῦς τῷ πνεύματι αὐτοῦ ὅτι διαλογίζονται ἐν ἑαυτοῖς λέγει Τί ταῦτα διαλογίζεσθε ἐν ταῖς καρδίαις ὑμῶν; 2. Γνῶθι σεαυτόν. 3. Οὐδέποτε ἀνέγνωτε τί ἐποίησεν Δαυὶδ ὅτε χρείαν ἔσχεν καὶ ἐπείνασεν αὐτὸς καὶ οἱ μετ’ αὐτοῦ; πῶς εἰσῆλθεν εἰς τὸν οἶκον τοῦ θεοῦ ἐπὶ¹ Ἀβιαθὰρ ἀρχιερέως καὶ τοὺς ἄρτους τῆς προθέσεως ἔφαγεν, οὓς οὐκ ἔξεστιν φαγεῖν εἰ μὴ τοὺς ἱερεῖς, καὶ ἔδωκεν τοῖς σὺν αὐτῷ οὖσιν; 4. Εἴ τις δοκεῖ ἐγνωκέναι τι οὔπω ἔγνω καθὼς δεῖ γνῶναι. 5. Καὶ εὐθὺς ἐξηράνθη ἡ πηγὴ τοῦ αἵματος αὐτῆς, καὶ ἔγνω τῷ σώματι ὅτι ἴαται ἀπὸ τῆς μάστιγος. καὶ εὐθὺς ὁ Ἰησοῦς ἐπιγνοὺς ἐν ἑαυτῷ τὴν ἐξ αὐτοῦ δύναμιν ἐξελθοῦσαν ἐπιστραφεὶς ἐν τῷ ὄχλῳ ἔλεγεν Τίς μου ἥψατο τῶν ἱματίων; 6. Καὶ εὐθὺς ἀνέστη τὸ κοράσιον καὶ περιεπάτει, ἦν γὰρ ἐτῶν δώδεκα, καὶ ἐξέστησαν εὐθὺς ἐκστάσει μεγάλῃ. καὶ διεστείλατο αὐτοῖς πολλὰ ἵνα μηδεὶς γνοῖ τοῦτο. καὶ εἶπεν δοθῆναι αὐτῇ φαγεῖν. 7. Ὁ δὲ λέγει αὐτοῖς Πόσους ἔχετε ἄρτους; ὑπάγετε ἴδετε. καὶ γνόντες λέγουσιν Πέντε καὶ δύο ἰχθύας. 8. Καὶ ἐξελθόντων αὐτῶν ἐκ τοῦ πλοίου εὐθὺς ἐπιγνόντες αὐτὸν περιέδραμον ὅλην τὴν χώραν ἐκείνην καὶ ἤρξαντο ἐπὶ τοῖς κραβάτοις τοὺς κακῶς ἔχοντας περιφέρειν ὅπου ἤκουον ὅτι ἔστιν. 9. Καὶ εἰσελθοῦσα εὐθὺς μετὰ σπουδῆς πρὸς τὸν βασιλέα ᾐτήσατο λέγουσα Θέλω ἐξαυτῆς δῷς μοι ἐπὶ πίνακι τὴν κεφαλὴν Ἰωάννου τοῦ βαπτιστοῦ. 10. Διελθὼν δὲ τὰ μέρη ἐκεῖνα καὶ παρακαλέσας αὐτοὺς λόγῳ πολλῷ ἦλθεν εἰς τὴν Ἑλλάδα. 11. Εἴ τις οὐ θέλει

¹ *In the time of.*

ἐργάζεσθαι μηδὲ ἐσθιέτω. 12. Εὐχαριστῶ τῷ θεῷ πάντοτε περὶ ὑμῶν.

1. He stood up to read. 2. Before he read we stood up. 3. After he had read he went out. 4. Who is recognized by God? 5. The priest ordered them not to let any one eat(that no one eat) the bread.

LESSON LVIII
The Optative Mood

Except in a few set phrases, the optative mood was no longer a part of the spoken language in the first century of our era. In the New Testament it is found only in the present and aorist. No present optative of a contract verb occurs in the New Testament. Mark has one optative form, an aorist.

➤ PRESENT OPTATIVE		SECOND AORIST OPTATIVE	
Active	*Mid. & Pass.*	*Active*	*Middle*
λύοιμι	λυοίμην	τύχοιμι	γενοίμην
λύοις	λύοιο	τύχοις	γένοιο
λύοι	λύοιτο	τύχοι[1]	γένοιτο[1]
λύοιμεν	λυοίμεθα	τύχοιμεν	γενοίμεθα
λύοιτε	λύοισθε	τύχοιτε	γένοισθε
λύοιεν	λύοιντο	τύχοιεν	γένοιντο

FIRST AORIST OPTATIVE		
Active	*Middle*	*Passive*
λύσαιμι	λυσαίμην	λυθείην
λύσαις	λύσαιο	λυθείης
λύσαι(λύσειε̄)	λύσαιτο	λυθείη
λύσαιμεν	λυσαίμεθα	λυθεῖμεν
λύσαιτε	λύσαισθε	λυθεῖτε
λύσαιεν(λύσειαν)	λύσαιντο	λυθεῖεν

[1] Only optative form of this verb found in the New Testament.

PRESENT OPTATIVE OF εἰμί

εἴην	εἶμεν
εἴης	εἶτε
εἴη[1]	εἶεν

SYNTAX

a. The optative is used mostly in the expression of a lesser degree of reality than that indicated by the subjunctive, the latter being on the level of *may, can, will,* while the optative is on the level of *might, could, would.*

Main Clauses

b. The volative optative is used for prayers, respectful requests, and wishes, e.g., ναί, ἀδελφέ, ἐγώ σου ὀναίμην· *yes brother, I'd like to make some profit on you.*

c. The potential optative is used with ἄν to express imagined possibilities, e.g., τί ἄν θέλοι οὗτος λέγειν; *just what does this fellow want to say?* In the New Testament this optative is found only in the Lucan writings.

Subordinate Clauses

d. In classical Greek both indicatives and subjunctives of direct discourse were frequently changed to optatives when quoted after past tenses. In the New Testament this usage is found only in the Lucan writings.

---

e. The genitive of content or material is used with verbs and adjectives of fullness and lack, e.g., κλασμάτων πλήρεις, *full of fragments;* ἐπληροῦντο χαρᾶς, *they were full of joy;* μὴ τινὸς ὑστερήσατε, *did you lack anything?*

[1] Only optative form of this verb found in the New Testament.

VOCABULARY

ἀνακρίνω *examine*

ἄνοια *senselessness*

ἀπῆεσαν *went off to*, from ἄπειμι

ἀσπασμός *salutation*

δεσμός, pl., δεσμοί and δεσμά *chain, bonds*

διαλαλέω *talk over*

διαπορέω *be at a loss*

διαταράσσω *greatly disturb*

Ἑβραϊστί *in Hebrew, i.e., Aramaic*

ἐγγύς (τινος) *near*

εἴκοσι *twenty*

ἐκπέμπω *send out*

Ἑλληνιστί *in Greek*

ἐπαύριον *tomorrow*

ἐπιμένω *wait, persist in*

εὐγενής,-ές *well-mannered, noble*

εὔχομαι *pray*

ὀλίγος,η,ον *a little, a few*

ὁποῖος,ᾱ,ον *the kind that*

παραγίνομαι *arrive*

παρεκτός (τινος) *except, apart from*

πλεονάζω *abound, increase*

ποταπός,ή,όν *what! what a big!*

προθυμία *eagerness, willingness*

Ῥωμαϊστί *in Latin*

σήμερον *today*

στρατηγός *head officer*

σῦκον *fig*

τὲ *and*, τὲ...καὶ *both...and*

φύλλον *leaf*

χαριτόω *endow with divine favor*

TRANSLATION

1. Καὶ τῇ ἐπαύριον ἐξελθόντων αὐτῶν ἀπὸ Βηθανίας ἐπείνασεν. καὶ ἰδὼν συκῆν ἀπὸ μακρόθεν ἔχουσαν φύλλα ἦλθεν εἰ ἄρα τι εὑρήσει ἐν αὐτῇ, καὶ ἐλθὼν ἐπ᾽ αὐτῇ οὐδὲν εὗρεν εἰ μὴ φύλλα, ὁ γὰρ καιρὸς οὐκ ἦν σύκων. καί ἀποκριθεὶς εἶπεν αὐτῇ Μηκέτι εἰς τὸν αἰῶνα ἐκ σοῦ μηδεὶς καρπὸν φάγοι. 2. Καὶ εἰσελθὼν πρὸς αὐτὴν εἶπεν Χαῖρε, κεχαριτωμένη, ὁ Κύριος μετά σου. ἡ δὲ ἐπὶ τῷ λόγῳ διεταράχθη καὶ διελογίζετο ποταπὸς εἴη ὁ ἀσπασμὸς οὗτος. καὶ εἶπεν

ὁ ἄγγελος αὐτῇ Μὴ φοβοῦ Μαριάμ, εὗρες γὰρ χάριν παρὰ τῷ θεῷ. 3. Αὐτοὶ δὲ ἐπλήσθησαν ἀνοίας καὶ διελάλουν πρὸς ἀλλήλους τί ἂν ποιήσαιεν τῷ Ἰησοῦ. 4. Ὡς δὲ ἤκουσαν τοὺς λόγους τούτους ὅ τε στρατηγὸς τοῦ ἱεροῦ καὶ οἱ ἀρχιερεῖς, διηπόρουν περὶ αὐτῶν τί ἂν γένοιτο τοῦτο. 5. Οἱ δὲ ἀδελφοὶ εὐθέως διὰ νυκτὸς ἐξέπεμψαν τόν τε Παῦλον καὶ τὸν Σίλαν εἰς Βέροιαν, οἵτινες παραγενόμενοι, εἰς τὴν συναγωγὴν τῶν Ἰουδαίων ἀπῄεσαν· οὗτοι δὲ ἦσαν εὐγενέστεροι τῶν ἐν Θεσσαλονίκῃ, οἵτινες ἐδέξαντο τὸν λόγον μετὰ πάσης προθυμίας, καθ᾽ ἡμέραν ἀνακρίνοντες τὰς γραφὰς εἰ ἔχοι ταῦτα οὕτως. 6. Τί οὖν ἐροῦμεν; ἐπιμένωμεν τῇ ἁμαρτίᾳ, ἵνα ἡ χάρις πλεονάσῃ; μὴ γένοιτο· οἵτινες ἀπεθάνομεν τῇ ἁμαρτίᾳ, πῶς ἔτι ζήσομεν ἐν αὐτῇ; 7. Εὐξαίμην ἂν τῷ θεῷ καὶ ἐν ὀλίγῳ καὶ ἐν μεγάλῳ οὐ μόνον σὲ ἀλλὰ πάντας τοὺς ἀκούοντάς μου σήμερον γενέσθαι ὁποῖος καὶ ἐγώ εἰμι παρεκτὸς τῶν δεσμῶν τούτων. 8. Ἑλληνιστὶ γινώσκεις; 9. Τοῦτον οὖν τὸν τίτλον πολλοὶ ἀνέγνωσαν τῶν Ἰουδαίων, ὅτι ἐγγὺς ἦν ὁ τόπος τῆς πόλεως ὅπου ἐσταυρώθη ὁ Ἰησοῦς· καὶ ἦν γεγραμμένον Ἑβραϊστί, Ῥωμαϊστί, Ἑλληνιστί. 10. Γένοιτο ὁ λόγος.

1. May we all be well-mannered! 2. What salutation could we speak in Greek? 3. We are at a loss and greatly disturbed. 4. Did Paul read the Scriptures in Greek in the synagogs of Thessalonica and Berea? 5. Paul wrote Hebrew and Greek, but not Latin.

IDENTIFICATION TAGS

A Greek word can end only in a vowel or in one of the three consonants ν,ρ,ς.

A. Verb Marks

   1. Imperfective stem endings:

     αιν, αιρ, αν, ειν, ειρ, ζ, λλ, ππ, σκ, σσ(ττ);

     ζ, σκ, and σσ especially common.

   2. Other Tense and Aspect Markers:

     absence of theme vowel, pf. mid., except in -μι verbs;

     augment, only past tenses of the indicative;

     contraction of final stem vowel with theme vowel and ending, only in imperfective or future;

     κα, 1st. pf. act., except in three -μι verbs;

     κει, 1st. plp. act.;

     κέναι, pf. act. inf.;

     κοτ-, pf. act. ptc.;

     μεν-, with 1st and 2nd decl. endings, mid. or pass. ptc.;

     reduplication with ε pf.;

     reduplication with ι, imperfective.;

     σα, 1 aor.;

     σασα, 1 aor. act. ptc. fem. nom. sing.;

     σε, vb. ending, 1 aor. act. ind. 3rd. sing.;

     νι, pf. act. fem. ptc.;

   3. Mood Signs

     augment only in ind.;

     lengthened theme vowel, only subjunctive;

     ι before personal ending, opt. Every opt. has an ι.

   4. Personal Endings

     ασι, pf. act. 3rd pl., except in μι vbs, where it is pr. act 3rd pl.;

5. Voice Signs

θη, pass.(aor. or fut.) ;

θι(τι), aor. pass. imprt., 2nd sing.,

σαν, 3rd pl., past tenses;

σθαι, mid. inf.;

σθω, 3rd. sing. imperitive, mid. or pass.;

σθωσαν, 3rd. pl. imperitive, mid. or pass.;

τω, 3rd sing. imperitive;

τωσαν, 3rd pl. imperitive:

B. Declensional Endings

Every dative has an ι;

ε, 2nd decl. masc. voc. sing.;

ει, 3rd decl. dat. sing.;

εἰς, aor. pass. ptc. masc. n. sing., except μι vbs.;

εως, 3rd decl. gen. sing.;

η, 1st decl. dat. sing.;

ι, ending, dat. sing. 3rd decl.(except rare 3rd decl. neut. nom. and acc.)

μα, ο, ον, υ, endings, neut. sing. nom. or acc.;

μα, 3rd decl. neut. sing., nom. or acc.;

ο,ον, only 2nd decl.;

σι, 3rd decl. dat. pl.;

ῳ, 2nd decl. dat. sing. masc. or neut.;

ὡν, 2nd aor. act. ptc., masc. nom. sing., except in minor μι vbs, where it is a pr. ptc. ending;

ὡς, pf. act. ptc., masc. nom. sing.

See inflexions, p. 149.

IDIOMS

ἄλλοι ἄλλο τι ἔκραζον *some were shouting one thing, others another*
ἄλλως ἔχειν *be otherwise*
αὐτοῦ *here*
ἀφ᾽ οὗ *since*
διὰ παντός *always*
διὰ ταχέων *quickly*
διδόναι δίκην *pay the penalty*
δι᾽ ἡμερῶν *a few days later*
ἐγώ εἰμι *it is I*
εἰ δὲ μή(γε) *otherwise*
εἰ μή *except*
εἰς τὸ ἴδιον *for private use*
εἷς κατὰ εἷς *one by one*
ἐκ δευτέρου *a second time*
ἐκ τούτου *as a result of this*
ἐκ τούτων *in view of these things*
ἐκ παντὸς τρόπου *in every way*
ἐν οἴκῳ *at home*
ἐν τούτῳ *in the meanwhile*
ἐν ᾧ *while*
ἐπ᾽ ἀληθείας *truthfully*
ἐπὶ πολύ *over a wide space, for a long time*
ἐχόμενος,η,ον *nearby*
ἔχω ἐσχάτως *I am at the point of death*

ἕως οὗ *until*
ἵνα τί *why?*
καθ᾽ ἡμέραν *every day*
καὶ...καὶ, *both...and*
καὶ γάρ *for indeed*
κακῶς ἔχειν *be sick*
κατὰ μόνας *in private*
κατ᾽ ἰδίαν *privately*
μέχρι οὗ *until, as far as*
ὁ αὐτός *the same*
ὁ δὲ *the other*
ὁ μὲν *the one*
οἱ παρ᾽ αὐτοῦ *his family*
πάντα *in every way*
πρὸς φιλίαν *in a friendly manner*
περὶ μέσας νύκτας *about midnight*
πρὸς τούτοις *in addition*
πρώτη τῶν σαββάτων *first day of the week*
τὴν ἀρχήν *in the first place*
τί ἐμοὶ καὶ σοί; *what do we have in common?*
τίθημι τὰ γόνατα *kneel*
τοῖς σάββασιν *on Sabbath*
τόνδε τὸν τρόπον *as follows*
τὸ τρίτον *the third time*
χάριν *for the sake of*
ὡς τάχιστα *as quickly as possible*

ΕΚΛΟΓΑΙ ΕΚ ΤΗΣ ΔΙΔΑΧΗΣ
ΤΩΝ
ΔΩΔΕΚΑ ΑΠΟΣΤΟΛΩΝ

Διδαχὴ κυρίου διὰ τῶν δώδεκα ἀποστόλων τοῖς ἔθνεσιν.
Ὁδοὶ δύο εἰσί, μία τῆς ζωῆς καὶ μία τοῦ θανάτου, δια-
φορὰ δὲ πολλὴ μεταξὺ τῶν δύο ὁδῶν.

Ἡ μὲν οὖν ὁδὸς τῆς ζωῆς ἐστιν αὕτη· πρῶτον, ἀγαπή-
σεις τὸν θεὸν τὸν ποιήσαντά σε· δεύτερον, τὸν πλησίον
σου ὡς σεαυτόν, πάντα δὲ ὅσα ἐὰν θελήσῃς μὴ γίνεσθαί
σοι, καὶ σὺ ἄλλῳ μὴ ποίει.

Τούτων δὲ τῶν λόγων ἡ διδαχή ἐστιν αὕτη·
Εὐλογεῖτε τοὺς καταρωμένους ὑμῖν, καὶ προσεύχεσθε
ὑπὲρ τῶν ἐχθρῶν ὑμῶν, νηστεύετε δὲ ὑπὲρ τῶν διωκόντων
ὑμᾶς· ποία γὰρ χάρις ἐὰν ἀγαπᾶτε τοὺς ἀγαπῶντας ὑμᾶς;
οὐχὶ καὶ τὰ ἔθνη τὸ αὐτὸ ποιοῦσιν; ὑμεῖς δὲ ἀγαπᾶτε τοὺς
μισοῦντας ὑμᾶς, καὶ οὐχ ἕξετε ἐχθρόν. ἀπέχου τῶν σαρ-
κικῶν καὶ σωματικῶν ἐπιθυμιῶν. ἐάν τίς σοι δῷ ῥάπισμα
εἰς τὴν δεξιὰν σιαγόνα, στρέψον αὐτῷ καὶ τὴν ἄλλην, καὶ
ἔσῃ τέλειος· ἐὰν ἀγγαρεύσῃ σέ τις μίλιον ἕν, ὕπαγε μετ᾽
αὐτοῦ δύο· ἐὰν ἄρῃ τις τὸ ἱμάτιόν σου, δὸς αὐτῷ καὶ τὸν
χιτῶνα· ἐὰν λάβῃ τις ἀπὸ σοῦ τὸ σόν, μὴ ἀπαίτει· οὐδὲ
γὰρ δύνασαι. παντὶ τῷ αἰτοῦντί σε δίδου καὶ μὴ ἀπαίτει·
πᾶσι γὰρ θέλει δίδοσθαι ὁ πατὴρ ἐκ τῶν ἰδίων χαρισμά-
των. μακάριος ὁ διδοὺς κατὰ τὴν ἐντολήν· ἀθῷος γάρ
ἐστιν· οὐαὶ τῷ λαμβάνοντι· εἰ μὲν γὰρ χρείαν ἔχων λαμ-
βάνει τις, ἀθῷος ἔσται· ὁ δὲ μὴ χρείαν ἔχων δώσει δίκην,
ἵνα τί ἔλαβε καὶ εἰς τί· ἐν συνοχῇ δὲ γενόμενος ἐξετασθή-
σεται περὶ ὧν ἔπραξε, καὶ οὐκ ἐξελεύσεται ἐκεῖθεν μέχρις

οὗ ἀποδῷ τὸν ἔσχατον κοδράντην. ἀλλὰ καὶ περὶ τούτου δὴ εἴρηται· Ἱδρωσάτω ἡ ἐλεημοσύνη σου εἰς τὰς χεῖράς σου μέχρις ἂν γνῷς τίνι δῷς.

Ὅρα μή τίς σε πλανήσῃ ἀπὸ ταύτης τῆς ὁδοῦ τῆς διδαχῆς, ἐπεὶ παρεκτὸς θεοῦ σε διδάσκει. εἰ μὲν γὰρ δύνασαι βαστάσαι ὅλον τὸν ζυγὸν τοῦ κυρίου, τέλειος ἔσῃ· εἰ δ' οὐ δύνασαι, ὃ δύνῃ τοῦτο ποίει. περὶ δὲ τῆς βρώσεως, ὃ δύνασαι βάστασον· ἀπὸ δὲ τοῦ εἰδωλοθύτου λίαν πρόσεχε· λατρεία γάρ ἐστι θεῶν νεκρῶν.

Περὶ δὲ τοῦ βαπτίσματος, οὕτω βαπτίσατε· ταῦτα πάντα προειπόντες βαπτίσατε εἰς τὸ ὄνομα τοῦ πατρὸς καὶ τοῦ υἱοῦ καὶ τοῦ ἁγίου πνεύματος ἐν ὕδατι ζῶντι. ἐὰν δὲ μὴ ἔχῃς ὕδωρ ζῶν, εἰς ἄλλο ὕδωρ βάπτισον· εἰ δ' οὐ δύνασαι ἐν ψυχρῷ, ἐν θερμῷ. ἐὰν δὲ ἀμφότερα μὴ ἔχῃς, ἔκχεον εἰς τὴν κεφαλὴν τρὶς ὕδωρ εἰς ὄνομα πατρὸς καὶ υἱοῦ καὶ ἁγίου πνεύματος. πρὸ δὲ τοῦ βαπτίσματος προνηστευσάτω ὁ βαπτίζων καὶ ὁ βαπτιζόμενος καὶ εἴ τινες ἄλλοι δύνανται· κελεύσεις δὲ νηστεῦσαι τὸν βαπτιζόμενον πρὸ μιᾶς ἢ δύο.

Αἱ δὲ νηστεῖαι ὑμῶν μὴ ἔστωσαν μετὰ τῶν ὑποκριτῶν· νηστεύουσι γὰρ δευτέρᾳ σαββάτων καὶ πέμπτῃ· ὑμεῖς δὲ νηστεύσατε τετράδα καὶ παρασκευήν. μηδὲ προσεύχεσθε ὡς οἱ ὑποκριταί, ἀλλ' ὡς ἐκέλευσεν ὁ κύριος ἐν τῷ εὐαγγελίῳ αὐτοῦ, οὕτω προσεύχεσθε· Πάτερ ἡμῶν ὁ ἐν τῷ οὐρανῷ, ἁγιασθήτω τὸ ὄνομά σου, ἐλθέτω ἡ βασιλεία σου, γενηθήτω τὸ θέλημά σου ὡς ἐν οὐρανῷ καὶ ἐπὶ γῆς· τὸν ἄρτον ἡμῶν τὸν ἐπιούσιον δὸς ἡμῖν σήμερον καὶ ἄφες ἡμῖν τὴν ὀφειλὴν ἡμῶν ὡς καὶ ἡμεῖς ἀφίεμεν τοῖς ὀφειλέταις ἡμῶν, καὶ μὴ εἰσενέγκῃς ἡμᾶς εἰς πειρασμόν, ἀλλὰ ῥῦσαι ἡμᾶς ἀπὸ τοῦ πονηροῦ· ὅτι σοῦ ἐστιν ἡ δύναμις καὶ ἡ δόξα εἰς τοὺς αἰῶνας. τρὶς τῆς ἡμέρας οὕτω προσεύχεσθε.

Κατὰ. κυριακὴν δὲ κυρίου συναχθέντες κλάσατε ἄρτον
καὶ εὐχαριστήσατε προεξομολογησάμενοι τὰ παραπτώματα
ὑμῶν, ὅπως καθαρὰ ἡ θυσία ὑμῶν ᾖ. πᾶς δὲ ἔχων τὴν ἀμ-
φιβολίαν μετὰ τοῦ ἑταίρου αὐτοῦ μὴ συνελθέτω ὑμῖν, ἕως
οὗ διαλλαγῶσιν, ἵνα μὴ κοινωθῇ ἡ θυσία ὑμῶν. αὕτη γάρ
ἐστιν ἡ ῥηθεῖσα ὑπὸ κυρίου· Ἐν παντὶ τόπῳ καὶ χρόνῳ
προσφέρειν μοι θυσίαν καθαράν· ὅτι βασιλεὺς μέγας εἰμί,
λέγει κύριος, καὶ τὸ ὄνομά μου θαυμαστὸν ἐν τοῖς ἔθνεσι.

Περὶ δὲ τῆς εὐχαριστίας, οὕτως εὐχαριστήσατε· πρῶτον
περὶ τοῦ ποτηρίου· Εὐχαριστοῦμέν σοι, πάτερ ἡμῶν, ὑπὲρ
τῆς ἁγίας ἀμπέλου Δαβὶδ τοῦ παιδός σου, ἧς ἐγνώρισας
ἡμῖν διὰ Ἰησοῦ τοῦ παιδός σου· σοὶ ἡ δόξα εἰς τοὺς αἰῶνας.
περὶ δὲ τοῦ κλάσματος· Εὐχαριστοῦμέν σοι, πάτερ ἡμῶν,
ὑπὲρ τῆς ζωῆς καὶ γνώσεως, ἧς ἐγνώρισας ἡμῖν διὰ Ἰησοῦ
τοῦ παιδός σου· σοὶ ἡ δόξα εἰς τοὺς αἰῶνας. ὥσπερ ἦν
τοῦτο τὸ κλάσμα διεσκορπισμένον ἐπάνω τῶν ὀρέων καὶ
συναχθὲν ἐγένετο ἕν, οὕτω συναχθήτω σου ἡ ἐκκλησία
ἀπὸ τῶν περάτων τῆς γῆς εἰς τὴν σὴν βασιλείαν· ὅτι
σοῦ ἐστιν ἡ δόξα καὶ ἡ δύναμις διὰ Ἰησοῦ Χριστοῦ εἰς
τοὺς αἰῶνας. μηδεὶς δὲ φαγέτω μηδὲ πιέτω ἀπὸ τῆς εὐχα-
ριστίας ὑμῶν, ἀλλ᾽ οἱ βαπτισθέντες εἰς ὄνομα κυρίου· καὶ
γὰρ περὶ τούτου εἴρηκεν ὁ κύριος· Μὴ δῶτε τὸ ἅγιον τοῖς
κυσί.

Μετὰ δὲ τὸ ἐμπλησθῆναι οὕτως εὐχαριστήσατε· Εὐχα-
ριστοῦμέν σοι, πάτερ ἅγιε, ὑπὲρ τοῦ ἁγίου ὀνόματός σου,
οὗ κατεσκήνωσας ἐν ταῖς καρδίαις ἡμῶν, καὶ ὑπὲρ τῆς γνώ-
σεως καὶ πίστεως καὶ ἀθανασίας, ἧς ἐγνώρισας ἡμῖν διὰ
Ἰησοῦ τοῦ παιδός σου· σοὶ ἡ δόξα εἰς τοὺς αἰῶνας. σύ,
δέσποτα παντοκράτορ, ἔκτισας τὰ πάντα ἕνεκεν τοῦ ὀνόμα-
τός σου, τροφήν τε καὶ ποτὸν ἔδωκας τοῖς ἀνθρώποις εἰς

ἀπόλαυσιν, ἵνα σοι εὐχαριστήσωσιν, ἡμῖν δὲ ἐχαρίσω
πνευματικὴν τροφὴν καὶ ποτὸν καὶ ζωὴν αἰώνιον διὰ τοῦ
παιδός σου. πρὸ πάντων εὐχαριστοῦμέν σοι ὅτι δυνατὸς εἶ·
σοὶ ἡ δόξα εἰς τοὺς αἰῶνας. μνήσθητι, κύριε, τῆς ἐκκλησίας
σου τοῦ ῥύσασθαι αὐτὴν ἀπὸ παντὸς πονηροῦ καὶ τελειῶσαι
αὐτὴν ἐν τῇ ἀγάπῃ σου, καὶ σύναξον αὐτὴν ἀπὸ τῶν τεσσά-
ρων ἀνέμων, τὴν ἁγιασθεῖσαν, εἰς τὴν σὴν βασιλείαν, ἣν
ἡτοίμασας αὐτῇ· ὅτι σοῦ ἐστιν ἡ δύναμις καὶ ἡ δόξα εἰς
τοὺς αἰῶνας. ἐλθέτω χάρις καὶ παρελθέτω ὁ κόσμος οὗτος·
Ὡσαννὰ τῷ θεῷ Δαβίδ. εἴ τις ἅγιός ἐστιν, ἐρχέσθω· εἴ τις
οὐκ ἔστι, μετανοείτω· μαρὰν ἀθά· ἀμήν. τοῖς δὲ προφή-
ταις ἐπιτρέπετε εὐχαριστεῖν ὅσα θέλουσιν.

Ὃς ἂν οὖν ἐλθὼν διδάξῃ ὑμᾶς ταῦτα πάντα τὰ προειρη-
μένα, δέξασθε αὐτόν· ἐὰν δὲ αὐτὸς ὁ διδάσκων στραφεὶς
διδάσκῃ ἄλλην διδαχὴν εἰς τὸ καταλῦσαι, μὴ αὐτοῦ ἀκού-
σητε, εἰς δὲ τὸ προσθεῖναι δικαιοσύνην καὶ γνῶσιν κυρίου,
δέξασθε αὐτὸν ὡς κύριον. περὶ δὲ τῶν ἀποστόλων καὶ προ-
φητῶν κατὰ τὸ δόγμα τοῦ εὐαγγελίου, οὕτω ποιήσατε.
πᾶς δὲ ἀπόστολος ἐρχόμενος πρὸς ὑμᾶς δεχθήτω ὡς κύριος·
οὐ μενεῖ δὲ εἰ μὴ ἡμέραν μίαν· ἐὰν δὲ ᾖ χρεία, καὶ τὴν
ἄλλην· τρεῖς δὲ ἐὰν μείνῃ, ψευδοπροφήτης ἐστίν. ἐξερ-
χόμενος δὲ ὁ ἀπόστολος μηδὲν λαμβανέτω εἰ μὴ ἄρτον ἕως
οὗ αὐλισθῇ· ἐὰν δὲ ἀργύριον αἰτῇ, ψευδοπροφήτης ἐστί.
καὶ πάντα προφήτην λαλοῦντα ἐν πνεύματι οὐ πειράσετε
οὐδὲ διακρινεῖτε· πᾶσα γὰρ ἁμαρτία ἀφεθήσεται, αὕτη
δὲ ἡ ἁμαρτία οὐκ ἀφεθήσεται. οὐ πᾶς δὲ ὁ λαλῶν ἐν πνεύ-
ματι προφήτης ἐστίν, ἀλλ’ ἐὰν ἔχῃ τοὺς τρόπους κυρίου·
ἀπὸ οὖν τῶν τρόπων γνωσθήσεται ὁ ψευδοπροφήτης καὶ ὁ

προφήτης. καὶ πᾶς προφήτης ὁρίζων τράπεζαν ἐν πνεύ-
ματι, οὐ φάγεται ἀπ᾽ αὐτῆς, εἰ δὲ μήγε, ψευδοπροφήτης
ἐστί. πᾶς δὲ προφήτης διδάσκων τὴν ἀλήθειαν, εἰ ἃ διδάσ-
κει οὐ ποιεῖ, ψευδοπροφήτης ἐστί. πᾶς δὲ προφήτης δε-
δοκιμασμένος ἀληθινός, ποιῶν εἰς μυστήριον κοσμικὸν
ἐκκλησίας, μὴ διδάσκων δὲ ποιεῖν ὅσα αὐτὸς ποιεῖ, οὐ κρι-
θήσεται ἐφ᾽ ὑμῶν· μετὰ θεοῦ γὰρ ἔχει τὴν κρίσιν· ὡσαύτως
γὰρ ἐποίησαν καὶ οἱ ἀρχαῖοι προφῆται. ὃς δ᾽ ἂν εἴπῃ ἐν
πνεύματι· Δός μοι ἀργύρια ἢ ἕτερά τινα, οὐκ ἀκούσεσθε
αὐτοῦ· ἐὰν δὲ περὶ ἄλλων ὑστερούντων εἴπῃ δοῦναι, μηδεὶς
αὐτὸν κρινέτω.

Πᾶς δὲ ὁ ἐρχόμενος ἐν ὀνόματι κυρίου δεχθήτω, ἔπειτα
δὲ δοκιμάσαντες αὐτὸν γνώσεσθε—σύνεσιν γὰρ ἕξετε—
δεξιὰν καὶ ἀριστεράν. εἰ μὲν παρόδιός ἐστιν ὁ ἐρχόμενος,
βοηθεῖτε αὐτῷ ὅσον δύνασθε· οὐ μενεῖ δὲ πρὸς ὑμᾶς εἰ μὴ
δύο ἢ τρεῖς ἡμέρας, ἐὰν ᾖ ἀνάγκη. εἰ δὲ θέλει πρὸς ὑμᾶς
καθῆσθαι, τεχνίτης ὤν, ἐργαζέσθω καὶ φαγέτω. εἰ δὲ οὐκ
ἔχει τέχνην, κατὰ τὴν σύνεσιν ὑμῶν προνοήσατε, πῶς μὴ
ἀργὸς μεθ᾽ ὑμῶν ζήσεται χριστιανός. εἰ δ᾽ οὐ θέλει οὕτω
ποιεῖν, χριστέμπορός ἐστι· προσέχετε ἀπὸ τῶν τοιούτων.

Πᾶς δὲ προφήτης ἀληθινός, θέλων καθῆσθαι πρὸς ὑμᾶς,
ἄξιός ἐστι τῆς τροφῆς αὐτοῦ. ὡσαύτως διδάσκαλος ἀλη-
θινός ἐστιν ἄξιος καὶ αὐτὸς ὥσπερ ὁ ἐργάτης τῆς τροφῆς
αὐτοῦ. πᾶσαν οὖν ἀπαρχὴν γεννημάτων ληνοῦ καὶ ἅλωνος,
βοῶν τε καὶ προβάτων λαβὼν δώσεις τὴν ἀπαρχὴν τοῖς
προφήταις· αὐτοὶ γάρ εἰσιν οἱ ἀρχιερεῖς ὑμῶν. ἐὰν δὲ μὴ
ἔχητε προφήτην, δότε τοῖς πτωχοῖς. ἐὰν σιτίαν ποιῇς, τὴν
ἀπαρχὴν λαβὼν δὸς κατὰ τὴν ἐντολήν. ὡσαύτως κεράμιον
οἴνου ἢ ἐλαίου ἀνοίξας τὴν ἀπαρχὴν λαβὼν δὸς τοῖς προ-
φήταις· ἀργυρίου δὲ καὶ ἱματισμοῦ καὶ παντὸς κτήματος

λαβὼν τὴν ἀπαρχήν, ὡς ἄν σοι δόξῃ, δὸς κατὰ τὴν ἐντολήν.

Χειροτονήσατε οὖν ἑαυτοῖς ἐπισκόπους καὶ διακόνους ἀξίους τοῦ κυρίου, ἄνδρας πραεῖς καὶ ἀφιλαργύρους καὶ ἀληθεῖς καὶ δεδοκιμασμένους· ὑμῖν γὰρ λειτουργοῦσι καὶ αὐτοὶ τὴν λειτουργίαν τῶν προφητῶν καὶ διδασκάλων. μὴ οὖν ὑπερίδητε αὐτούς· αὐτοὶ γάρ εἰσιν οἱ τετιμημένοι ὑμῶν μετὰ τῶν προφητῶν καὶ διδασκάλων.

ΕΚ ΚΛΗΜΕΝΤΟΣ ΠΡΟΣ ΚΟΡΙΝΘΙΟΥΣ Α΄

Διὰ ζῆλον καὶ φθόνον οἱ μέγιστοι καὶ δικαιότατοι στύλοι διώχθησαν καὶ ἕως θανάτου ἤθλησαν. Λάβωμεν πρὸ ὀφθαλμῶν ἡμῶν τοὺς ἀγαθοὺς ἀποστόλους· Πέτρον ὃς διὰ ζῆλον ἄδικον οὐχ ἕνα οὐδὲ δύο ἀλλὰ πλείονας ὑπήνεγκε πόνους, καὶ οὕτω μαρτυρήσας ἐπορεύθη εἰς τὸν ὀφειλόμενον τόπον τῆς δόξης. Διὰ ζῆλον καὶ ἔριν Παῦλος ὑπομονῆς βραβεῖον ἔδειξεν, ἑπτάκις δέσμα φορέσας, φυγαδευθείς, λιθασθείς, κήρυξ γενόμενος ἔν τε τῇ ἀνατολῇ καὶ ἐν τῇ δύσει, τὸ γενναῖον τῆς πίστεως αὐτοῦ κλέος ἔλαβεν, δικαιοσύνην διδάξας ὅλον τὸν κόσμον, καὶ ἐπὶ τὸ τέρμα τῆς δύσεως ἐλθὼν καὶ μαρτυρήσας ἐπὶ τῶν ἡγουμένων, οὕτως ἀπηλλάγη τοῦ κόσμου καὶ εἰς τὸν ἅγιον τόπον ἐπορεύθη, ὑπομονῆς γενόμενος μέγιστος ὑπογραμμός.

Τούτοις τοῖς ἀνδράσιν ὁσίως πολιτευσαμένοις συνηθροίσθη πολὺ πλῆθος ἐκλεκτῶν, οἵτινες πολλαῖς αἰκίαις καὶ βασάνοις διὰ ζῆλος παθόντες ὑπόδειγμα κάλλιστον ἐγένοντο ἐν ἡμῖν.

APPENDIX I

LETTER	NAME		PHONETIC VALUE
Α α	ἄλφα	alfa	a (in father)
Β β	βῆτα	vita	v
Γ γ	γάμμα	gama	g,j,ŋ,g (See App. ii.3,4.)
Δ δ	δέλτα	ðɛlta	ð (th in father)
Ε ε	ἒ ψιλόν	ɛpsilɔn	ɛ (e in get)
Ζ ζ	ζῆτα	zita	z
Η η	ἦτα	ita	i
Θ θ	θῆτα	θita	θ (th in thin)
Ι ι	ἰῶτα	iɔta	i
Κ κ	κάππα	kapa	k,k',g (See App.ii.4,5.)
Λ λ	λάμβδα	lamvða	l
Μ μ	μῦ	mi	m
Ν ν	νῦ	ni	n
Ξ ξ	ξῖ	xi	ks
Ο ο	ὂ μικρόν	ɔmikrɔn	ɔ (open o)
Π π	πῖ	pi	p,b (See App. ii.5.)
Ρ ρ	ῥῶ	rɔ	r (See App. ii.8.b.)
Σ σ,ς[1]	σίγμα	siɣma	s,z (See App. ii.7.b.)
Τ τ	ταῦ	taf	t,d (See App. ii.5.)
Υ υ	ὒ ψιλόν	ipsilɔn	i,v,f (See App. ii.11.a.)
Φ φ	φῖ	fi	f
Χ χ	χῖ	çi	x,ç (See App. ii.4.)
Ψ ψ	ψῖ	psi	ps
Ω ω	ὂ μέγα	ɔmɛga	ɔ (open o)

See App. ii.11.a, for pronunciation of diphthongs.

[1] Form of sigma used at end of words.

APPENDIX II

ORTHOGRAPHICAL DETAILS

It is helpful to a student of the New Testament to be familiar with both systems of pronouncing Greek, i.e., the "ancient" and modern, or more correctly, the theoretical and the natural. This is especially true with regard to vowels and diphthongs. To one who is ignorant of the way Greeks pronounce them, it seems that, for the copyists who produced our manuscripts, "almost any vowel was changeable for any other;" but to one who is familiar with modern pronunciation it is clear that such variants are in accord with their pronunciation by native Greeks. Some of these "modern" pronunciations had already developed by the time the New Testament was written. All had come into use before European printing.

No one is consistent in the use of the theoretical pronunciation.

1. BREATHINGS

Every initial lower-case vowel, or diphthong, has above it a diacritical mark called a *breathing*. There are two breathings, rough(‘) and smooth(’), e.g., ἔξ, ἐξ.

In the theoretical ancient pronunciation the rough breathing has the sound of *h*. In modern pronunciation it has no sound. The smooth breathing has no sound in either pronunciation.

When Greek words are transliterated into languages

using the Latin alphabet, the rough breathing is represented by *h*, e.g., *hypo*, from ὑπό.

Initial ρ always takes a rough breathing.

Initial υ always has the rough breathing, except in the name of the letter itself.

When a breathing accompanies a capital letter it is written before it, instead of above it, e.g., Ἀμήν.

A breathing is written before an acute or grave accent, and under a circumflex, e.g., ὃς ἔχει ὦτα. (For rules of accent see Appendix ii.14.t.)

2. A CONSONANT RECTANGLE

It is helpful to consider twelve Greek consonants in the following arrangement:

labials	π β φ μ	*voiceless stops*	π τ κ
dentals	τ δ θ ν	*voiced stops*	β δ γ
palatals	κ γ χ γγ	*aspirates*	φ θ χ
		nasals	μ ν γγ

labials + σ = ψ
dentals + σ = σ
palatals + σ = ξ

As the names indicate, the labials are lip sounds, the dentals are formed with the tongue touching the upper teeth, and the palatals with the back of the tongue touching the palate, or very close to it.

Voiceless stops are sounds for which the vocal chords do not vibrate, and for which there is a complete stoppage of the breath.

In voiced sounds the vocal chords vibrate. A fricative is produced by a continuous friction of the breath. The most noticeable difference between the two systems in the pronunciation of consonants is their treatment of β, γ, and δ. In the theoretical they are voiced stops, in the modern they are voiced fricatives.

In early Greek ϕ, χ, θ were apparently aspirated stops, but are not so pronounced by modern students who attempt the ancient pronunciation. Because of the early pronunciation, the square of nine consonants is often called the "mute square."

Nasals are sounds made by stopping the breath somewhere in the mouth and allowing it to pass out thru the nose.

3. NASAL Γ

When γ preceeds κ,γ,χ, or ξ, it is pronounced like *ng* in *king*. *Lingo* would be written λίγγω.

4. MODERN PRONUNCIATION OF THE PALATALS

The pronunciation of κ,γ, and χ is affected by the following vowel. Each of these letters, if followed by a front vowel(ϵ or ι sounds), is itself articulated in the front of the mouth, making κ sound somewhere between the *k* in *key* and the *ch* in *cheap,* γ almost like the *y* in *yet,* and χ like the *ch* in German *ich*.

5. MODERN PRONUNCIATION OF Π AND T

A μ before a π vocalizes it, and a ν before a τ vocalizes it. In modern Greek *bread* is spelled μπρέντ.

A γ preceding κ vocalizes it. In modern Greek *golf* is spelled γκώλφ.

6. CONSONANTAL CHANGES

a. Many apparently anomalous forms are explained by the loss of a dental before a sibilant, e.g., the dative plurals of the third declension.

b. In the perfect middle the so-called "mute stems"

modify their final consonant according to the first consonant of the ending, e.g., before μ the perfect middle stem of κηρύσσω becomes κηρυγ-, i.e., voiced before the voiced ending. Before the voiceless fricative θ it becomes κηρυχ-. See Lesson xxxix for perfect middle forms.

c. In the later language ν, before a labial, became μ; before a palatal it became nasal γ; and before sibilants or λ it was assimilated.

d. The words διά, κατά, μετά, ἐπί, ὑπό, etc. often lose their final vowel when the following word begins with a vowel, e.g., ὑπ᾽ αὐτοῦ. If the following word begins with a rough breathing, the τ of κατά, and μετά becomes θ, and the π of ἐπί and ὑπό becomes φ; e.g., μεθ᾽ ἡμῶν, καθ᾽ ἡμῶν, ἐφ᾽ ἑαυτήν.

7. SIBILANTS

a. The sibilants, or hissing sounds, are designated by the letters σ,ζ,ξ,ψ, the two latter being equivalent to κς and πς.

b. In modern Greek σ before β,γ,μ, or ν is vocalized, i.e., is pronounced like ζ.

c. Z, ξ, and ψ are traditionally classed as double consonants, tho ζ has lost the double pronunciation.

8. LIQUIDS

a. The continuants λ, μ, ν, ρ are called liquids. This category is especially useful in connexion with first aorist forms, where the following σ is lost, e.g., ἔμεινα instead of *ἔμενσα.

b. In modern Greek ρ is articulated with the tip of the tongue, often slightly trilled, and is often hard to distinguish from λ.

9. Movable Consonants

a. The letter ν is retained by certain forms when they are not followed by a consonant in the same sentence, on the same principle as *a horse, an apple,* in English; e.g., λύουσι τὸν πῶλον, λύουσιν αὐτόν. This rule was an artificial afterthought of post-classical grammarians, and is often ignored by ancient copyists, so critical editions contain numerous exceptions.

It applies especially to inflectional endings in σι and to verb endings in ε.

b. A few words have a removable ς, that is omitted before consonants, e.g., οὕτως, οὕτω; ἐξ, ἐκ.

c. The negative οὐκ has a removable κ, which becomes χ before a rough breathing, e.g., οὐ, οὐχ.

11. Adjacent Vowels

a. DIPHTHONGS

Two or more adjacent vowels usually form a diphthong, or suffer some form of contraction or elision. In a diphthong the more open vowel always precedes.

During the first century of the Christian era the diphthongs seem to have been commonly pronounced as follows:

αι	as	*ai*	in	*aisle*	αυ	as	*ow* in	*owl*
ει	as	*ei*	in	*seize*	ευ	as	ε followed by ου
οι	as	*oi*	in	*boil*	ην	as	η followed by ου
υι	as	υ	followed by ι		ου	as	*ou* in	*soup*

The equations αι = ε and οι = υ, tho attested centuries earlier, were prevalent, it seems, by the end of the first century of the Christian era.

In modern pronunciation the three diphthongs ει,

οι, and υι are all pronounced alike, resembling *ee* in *seen*.

αι = ε(*e* in *met*);

ου resembles *oo* in *spoon;*

In αυ, ευ, ηυ the υ = β if followed by a voiced sound, but φ if followed by a voiceless one.

b. IOTA SUBSCRIPT

Iota subscript is a small ι written under an α, η, or ω, viz., ᾳ, ῃ, ῳ. It has no effect on the pronunciation, but ᾳ is always counted long.

c. CONTRACTION

Verb, noun, and adjective stems ending in vowels, usually contract with the vowel of the inflectional ending, e.g., ὄρεα to ὄρη. The commoner contractions are as follows:

α + α = ᾱ	ε + η = η
α + ε = ᾱ	ε + ο = ου
α + ει = ᾳ or ᾱ	ε + ου = ου
α + η = ᾱ	ε + ω = ω
α + ῃ = ᾳ	η + αι = η
α + ο = ω	ο + ε = ου
α + ου = ω	ο + ε + ι = οι or ου
α + ω = ω	ο + η = ω
ε + α = η	ο + ῃ = ῳ or οι
ε + αι = η	ο + ο = ου
ε + ε = ει	ο + ου = ου
ε + ει = ει	ο + ω = ω
ε + η = η	

d. CRASIS

Crasis is the contraction, or fusion, of the vowel at

the end of one word with the vowel at the beginning of the next word, e.g., κἄν from καὶ ἐάν, κἀκεῖθεν from καὶ ἐκεῖθεν, κἀγώ from καὶ ἐγώ.

e. ELISION

Elision is the dropping of a vowel at the end of a word or prefix, because the next word begins with a vowel, e.g., ἀπέλυσα from ἀπὸ + ἔλυσα, δι᾽ ἡμερῶν from διὰ ἡμερῶν, ἐπ᾽ αὐτά from ἐπὶ αὐτά, ἐφ᾽ ἑαυτῶν from ἐπὶ ἑαυτῶν. In the last example π is changed to φ, because a rough breathing follows. Each of the consonants in the first vertical row of the consonant rectangle(Appendix ii.2.), when followed by a rough breathing, changes to the corresponding consonant in the third vertical row.

12. VOWEL QUANTITY

In ancient Greek there was a difference in the time taken to pronounce vowels. This difference in length was distinctly felt. No such distinction is made in the modern pronunciation, nor is any such distinction made by English-speaking students in the use of the theoretical pronunciation. It is important, however, to know of the distinction between long and short vowels, in order to understand the placing of accents, and in order to scan ancient poetry. The following table will conveniently indicate the usage for single vowels.

always short	ε	ο	
either short or long	α	ι	υ
always long	η	ω	

Diphthongs are always long in the scansion of

ancient poetry. In determining accent, all diphthongs are long, except final αι and οι. All vowels with iota subscript are counted long.

13. AUGMENT

Past tenses of the indicative mood are augmented by prefixing ε to stems with a consonant initial. Stems beginning with a vowel lengthen it according to the following table:

α	becomes	η
ε	..	η
ο	..	ω
αι	..	ῃ
οι	..	ῳ
αυ	..	ηυ
ευ	..	ηυ

Sometimes ευ remains unchanged.

H, ι, υ, and ω remain unchanged.

Irregular verbs exhibit apparent exceptions.

For further discussion, see Lesson xii, Phonetics.

14. ACCENT

Most words are written with an accent mark over the vowel of the accented syllable. There are three accent marks: acute(´), grave(`), and circumflex(ˆ).

No satisfactory theory of their ancient pronunciation has been developed. There is no distinction in the modern pronunciation.

Location of accents is subject to the following rules.

a. The acute can stand only on one of the last three syllables of a word, the circumflex only on one of the last two, and the grave only on the last.

(The last syllable is called the *ultima,* the next to the last the *penult,* and the third from the last the *antepenult.*)

b. The grave is an acute reversed to show that an accented word immediately follows, e.g., βλέπω τὸν υἱόν.

c. A long ultima counts as two syllables in determining the accent. Hence, if the ultima is long, an acute can stand only on one of the last two syllables, and a circumflex only on the last, e.g., the genitive of θάλασσα is θαλάσσης, and the genitive of οἶκος is οἴκου.

d. The circumflex can stand only on a long vowel, or diphthong.

e. An accented, long penult must take the circumflex if the ultima is short, e.g., κῆπος.

PROCLITICS

f. Proclitics are monosyllables with no accent of their own, being pronounced with the following word, e.g., ἐν τῇ ἐρήμῳ.

An oxytone takes a grave before a proclitic. See rule i for definition of terms.

The article, in the nominatives of the masculine and feminine, is usually proclitic. Some editors treat it as an oxytone in the combinations ὁ μὲν.....ὁ δὲ.

ENCLITICS

g. Enclitics are pronounced with the preceding word, and are said to "give up their accent" to the preceding word, e.g., ὁ κῆπός μου.

h. The fundamental principle governing the complexities of enclitic accent is, that an accent can never stand more than three syllables from the end of an accentual unit.

i. A word that has an acute on the ultima is called an *oxytone,* one with an acute on the penult a *paroxytone,* and one with an acute on the antepenult a *proparoxytone.* One with a circumflex on the ultima is called a *perispomenon,* and one with a circumflex on the penult a *properispomenon.*

j. If a proparoxytone is followed by an enclitic, it receives a second accent on the ultima, e.g., δύνασαί με. The two words are then pronounced as one, the second accent receiving the emphasis.

k. If a properispomenon is followed by an enclitic, it receives an acute on the ultima, e.g., ζητοῦσίν σε, and the combination is pronounced as if the acute were the only accent.

l. If any other kind of word is followed by an enclitic, no second accent is written, e.g., ὁ πάππος μου, μετ' αὐτῶν ἐστιν.

m. A dissyllabic enclitic after a paroxytone retains its accent, e.g., ἐν οἴκῳ ἐστίν.

n. A proclitic before an enclitic receives an acute, e.g., εἴ τις ἔχει.

o. An enclitic before an enclitic receives an acute, e.g., καλόν ἐστίν σοι, καλόν σοί ἐστιν.

EXCEPTIONS AND MEMORANDA

p. Ἐστί and εἰσί, in certain positions, do not follow the above rules, but become paroxytones, e.g., οὐκ ἔστιν.

q. Any enclitic may be accented for emphasis.

r. Certain third declension genitives are proparoxytone, even tho their ultima is long, e.g., πόλεως.

s. All first declension genitive plurals of nouns are perispomena.

t. Accents, as well as breathings, are written over the second member af diphthongs and before capitals.

u. Most verb accents are recessive, i.e., recede as far from the ultima as possible, e.g., λύει, λύετε.

v. The interrogative pronoun never takes a grave.

w. An enclitic beginning a sentence takes a grave.

15. Punctuation

The oldest Greek manuscripts are written in capital letters, with no punctuation and no space between words. The modern printing of ancient texts employs four punctuation marks: period(.), comma(,), colon (·), and question mark(;).

APPENDIX III

INFLECTIONS

A. DECLENSIONS

The following hints will be found useful in the study of declensions.

a. Neuter nominatives and accusatives are always alike.

b. Neuter nominative and accusative plurals end in *α*. (See note below.)

c. All datives have an *ι*.

d. First declension genitive plurals of nouns are always perispomena.

e. First declension accusative plurals always have long *α*.

f. Third declension accusative plurals always have short *α*.

g. In declensions of three endings the feminine is always first declension, the masculine and neuter never.

h. In declensions of two or three endings the masculine and neuter are always alike in the genitive and dative.

i. In declensions of two endings the first declension is never used.

N.B. Third declension contract nouns form an apparent exception to hint *b,* because the *ε* of the stem contracts with the *α* of the ending to form *η*.

Nouns

I. FIRST DECLENSION

Feminines   Masculines

N.	κώμη	γῆ	θάλασσα	ὥρα	λῃστής
G.	κώμης	γῆς	θαλάσσης	ὥρας	λῃστοῦ
D.	κώμῃ	γῇ	θαλάσσῃ	ὥρᾳ	λῃστῇ
A.	κώμην	γῆν	θάλασσαν	ὥραν	λῃστήν
V.					λῃστά
	κῶμαι		θάλασσαι	ὧραι	λῃσταί
	κωμῶν		θαλασσῶν	ὡρῶν	λῃστῶν
	κώμαις		θαλάσσαις	ὥραις	λῃσταῖς
	κώμας		θαλάσσας	ὥρας	λῃστάς

2. SECOND DECLENSION

Masculine   Feminine   Neuter

ἄνθρωπος	ἄνθρωποι	ὁδός	ὁδοί	τέκνον	τέκνα
ἀνθρώπου	ἀνθρώπων	ὁδοῦ	ὁδῶν	τέκνου	τέκνων
ἀνθρώπῳ	ἀνθρώποις	ὁδῷ	ὁδοῖς	τέκνῳ	τέκνοις
ἄνθρωπον	ἀνθρώπους	ὁδόν	ὁδούς	τέκνον	τέκνα
ἄνθρωπε					

THIRD DECLENSION

3. Regular Masculines

ἄρχων	ἱμάς	ἀμπελών	καῖσαρ
ἄρχοντος	ἱμάντος	ἀμπελῶνος	καίσαρος
ἄρχοντι	ἱμάντι	ἀμπελῶνι	καίσαρι
ἄρχοντα	ἱμάντα	ἀμπελῶνα	καίσαρα
ἄρχοντες	ἱμάντες	ἀμπελῶνες	καίσαρες
ἀρχόντων	ἱμάντων	ἀμπελώνων	καισάρων
ἄρχουσι	ἱμᾶσι	ἀμπελῶσι	καίσαρσι
ἄρχοντας	ἱμάντας	ἀμπελῶνας	καίσαρας

ἀλέκτωρ	ἀλέκτορες	ἱερεύς	ἱερεῖς	ἰχθύς	ἰχθύες
ἀλέκτορος	ἀλεκτόρων	ἱερέως	ἱερέων	ἰχθύος	ἰχθύων
ἀλέκτορι	ἀλέκτορσι	ἱερεῖ	ἱερεῦσι	ἰχθύϊ	ἰχθύσι
ἀλέκτορα	ἀλέκτορας	ἱερέα	ἱερεῖς	ἰχθύν	ἰχθύας
		ἱερεῦ			

4. Feminines

μάστιξ	πατρίς	χάρις	πόλις
μάστιγος	πατρίδος	χάριτος	πόλεως
μάστιγι	πατρίδι	χάριτι	πόλει
μάστιγα	πατρίδα	χάριν	πόλιν
μάστιγες	πατρίδες	χάριτες	πόλεις
μαστίγων	πατρίδων	χαρίτων	πόλεων
μάστιξι	πατρίσι	χάρισι	πόλεσι
μάστιγας	πατρίδας	χάριτας	πόλεις

5. Neuters

N.A.	πνεῦμα	ὄρος	τέρας	μέλι
G.	πνεύματος	ὄρους	τέρατος	μέλιτος
D.	πνεύματι	ὄρει	τέρατι	μέλιτι
	πνεύματα	ὄρη	τέρατα	μέλιτα
	πνευμάτων	ὀρῶν	τεράτων	μελίτων
	πνεύμασι	ὄρεσι	τέρασι	μέλισι

6. Group in -ηρ

N.	πατήρ	μήτηρ	ἀνήρ	θυγάτηρ	ἀστήρ
G.	πατρός	μητρός	ἀνδρός	θυγατρός	ἀστέρος
D.	πατρί	μητρί	ἀνδρί	θυγατρί	ἀστέρι
A.	πατέρα	μητέρα	ἄνδρα	θυγατέρα	ἀστέρα
V.	πάτερ	μῆτερ	ἄνερ	θύγατερ	ἀστήρ
N.	πατέρες	μητέρες	ἄνδρες	θυγατέρες	ἀστέρες
G.	πατέρων	μητέρων	ἀνδρῶν	θυγατέρων	ἀστέρων
D.	πατράσι	μητράσι	ἀνδράσι	θυγατράσι	ἀστράσι
A.	πατέρας	μητέρας	ἄνδρας	θυγατέρας	ἀστέρας

Nouns (continued)

7. Monosyllables

θρίξ	νύξ	οὖς	πούς	σάρξ	φῶς	χείρ
τριχός	νυκτός	ὠτός	πυδός	σαρκός	φωτός	χειρός
τριχί	νυκτί	ὠτί	ποδί	σαρκί	φωτί	χειρί
τρίχα	νύκτα	οὖς	πόδα	σάρκα	φῶς	χεῖρα
τρίχες	νύκτες	ὦτα	πόδες	σάρκες	φῶτα	χεῖρες
τριχῶν	νυκτῶν	ὤτων	ποδῶν	σαρκῶν	φώτων	χειρῶν
θριξί	νυξί	ὠσί	ποσί	σαρξί	φωσί	χερσί
τρίχας	νύκτας	ὦτα	πόδας	σάρκας	φῶτα	χεῖρας

8. Irregulars

ὀδούς	μεγιστάν	γυνή	γόνυ	ὕδωρ
ὀδόντος	μεγιστάνος	γυναικός	γόνατος	ὕδατος
ὀδόντι	μεγιστάνι	γυναικί	γόνατι	ὕδατι
ὀδόντα	μεγιστάνα	γυναῖκα	γόνυ	ὕδωρ
		γύναι		
ὀδόντες	μεγιστάνες	γυναῖκες	γόνατα	ὕδατα
ὀδόντων	μεγιστάνων	γυναικῶν	γονάτων	ὑδάτων
ὀδοῦσι	μεγιστάσι	γυναιξί	γόνασι	ὕδασι
ὀδόντας	μεγιστάνας	γυναῖκας	γόνατα	ὕδατα

9. Names from Hebrew

N.	Ἰησοῦς	Μωϋσῆς	Σατανᾶς	Ἰώσης
G.	Ἰησοῦ	Μωϋσέως	Σατανᾶ	Ἰωσῆτος, Ἰωσῆ
D.	Ἰησοῦ	Μωϋσεῖ, Μωϋσῇ	Σατανᾷ	
A.	Ἰησοῦν	Μωϋσῆν, Μωϋσέα	Σατανᾶν	
V.	Ἰησοῦ	Μωϋσῆ	Σατανᾶ	

Adjectives

10. REGULAR ADJECTIVES OF THREE ENDINGS

M.	F.	N.	M.	F.	N.
καλός	καλή	καλόν	ἅγιος	ἀγίᾱ	ἅγιον
καλοῦ	καλῆς	καλοῦ	ἀγίου	ἀγίας	ἀγίου
καλῷ	καλῇ	καλῷ	ἀγίῳ	ἀγίᾳ	ἀγίῳ
καλόν	καλήν	καλόν	ἅγιον	ἀγίαν	ἅγιον
καλοί	καλαί	καλά	ἅγιοι	ἅγιαι	ἅγια
καλῶν	καλῶν	καλῶν	ἀγίων	ἀγίων	ἀγίων
καλοῖς	καλαῖς	καλοῖς	ἀγίοις	ἀγίαις	ἀγίοις
καλούς	καλάς	καλά	ἀγίους	ἀγίας	ἅγια
εὐθύς	εὐθεῖα	εὐθύ	πᾶς	πᾶσα	πᾶν
εὐθέως	εὐθείας	εὐθέως	παντός	πάσης	παντός
εὐθεῖ	εὐθείᾳ	εὐθεῖ	παντί	πάσῃ	παντί
εὐθύν	εὐθεῖαν	εὐθύ	πάντα	πᾶσαν	πᾶν
εὐθεῖς	εὐθεῖαι	εὐθέα	πάντες	πᾶσαι	πάντα
εὐθέων	εὐθειῶν	εὐθέων	πάντων	πασῶν	πάντων
εὐθέσι	εὐθείαις	εὐθέσι	πᾶσι	πάσαις	πᾶσι
εὐθεῖς	εὐθείας	εὐθέα	πάντας	πάσας	πάντα

11. IRREGULAR ADJECTIVES OF THREE ENDINGS

πολύς	πολλή	πολύ
πολλοῦ	πολλῆς	πολλοῦ
πολλῷ	πολλῇ	πολλῷ
πολύν	πολλήν	πολύ
πολλοί	πολλαί	πολλά
πολλῶν	πολλῶν	πολλῶν
πολλοῖς	πολλαῖς	πολλοῖς
πολλούς	πολλάς	πολλά

Adjectives(continued)

μέγας	μεγάλη	μέγα
μεγάλου	μεγάλης	μεγάλου
μεγάλῳ	μεγάλῃ	μεγάλῳ
μέγαν	μεγάλην	μέγα

μεγάλοι	μεγάλαι	μεγάλα
μεγάλων	μεγάλων	μεγάλων
μεγάλοις	μεγάλαις	μεγάλοις
μεγάλους	μεγάλας	μεγάλα

12. REGULAR ADJECTIVES OF TWO ENDINGS

	M. & F.	N.	M. & F.	N.
N.	ἄπιστος	ἄπιστον	ὑγιής	ὑγιές
G.		ἀπίστου		ὑγιοῦς
D.		ἀπίστῳ		ὑγιεῖ
A.	ἄπιστον	ἄπιστον	ὑγιῆ	ὑγιές

N.	ἄπιστοι	ἄπιστα	ὑγιεῖς	ὑγιῆ
G.		ἀπίστων		ὑγιῶν
D.		ἀπίστοις		ὑγιέσι
A.	ἀπίστους	ἄπιστα	ὑγιεῖς	ὑγιῆ

COMPARISON OF ADJECTIVES

13. REGULAR COMPARISON

εὔκοπος	εὐκοπώτερος	εὐκοπώτατος
ἰσχῡρός	ἰσχῡρότερος	ἰσχῡρότατος

14. IRREGULAR COMPARISON

ἀγαθός	κρείσσων	κράτιστος
κακός	χείρων	χείριστος
καλός	καλλίων	κάλλιστος
μέγας	μείζων	μέγιστος
μικρός	ἐλάσσων	ἐλάχιστος
πολύς	πλείων	πλεῖστος

15. DECLENSION OF COMPARATIVES IN -ων

M. & F.   N.

SINGULAR

N. πλείων   πλεῖον
G.   πλείονος
D.   πλείονι
A. πλείονα, πλείω   πλεῖον

PLURAL

πλείονες, πλείους   πλείονα, πλείω
πλειόνων
πλείοσι
πλείονας, πλείους   πλείονα, πλείω

Participles

16. PRESENT ACTIVE

λύων	λύουσα	λῦον
λύοντος	λυούσης	λύοντος
λύοντι	λυούσῃ	λύοντι
λύοντα	λύουσαν	λῦον
λύοντες	λύουσαι	λύοντα
λυόντων	λυουσῶν	λυόντων
λύουσι	λυούσαις	λύουσι
λύοντας	λυούσας	λύοντα

Participles (*continued*)

17. AORIST ACTIVE

λύσας	λύσασα	λῦσαν
λύσαντος	λυσάσης	λύσαντος
λύσαντι	λυσάσῃ	λύσαντι
λύσαντα	λύσασαν	λῦσαν
λύσαντες	λύσασαι	λύσαντα
λυσάντων	λισασῶν	λυσάντων
λύσασι	λυσάσαις	λύσασι
λύσαντας	λυσάσας	λύσαντα

18. PERFECT ACTIVE

λελυκώς	λελυκυῖα	λελυκός
λελυκότος	λελυκυίας	λελυκότος
λελυκότι	λελυκυίᾳ	λελυκότι
λελυκότα	λελυκυῖαν	λελυκός
λελυκότες	λελυκυῖαι	λελυκότα
λελυκότων	λελυκυιῶν	λελυκότων
λελυκόσι	λελυκυίαις	λελυκόσι
λελυκότας	λελυκυίας	λελυκότα

19. AORIST PASSIVE

λυθείς	λυθεῖσα	λυθέν
λυθέντος	λυθείσης	λυθέντος
λυθέντι	λυθείσῃ	λυθέντι
λυθέντα	λυθεῖσαν	λυθέν
λυθέντες	λυθεῖσαι	λυθέντα
λυθέντων	λυθεισῶν	λυθέντων
λυθεῖσι	λυθείσαις	λυθεῖσι
λυθέντας	λυθείσας	λυθέντα

20. All middle participles end in -μενος,-η,-ον, and are declined like καλός,-ή,-όν.

21. Passive participles, except the aorist, end in
-μενος,-η,-ον, and are declined like καλός,-ή,-όν.

Pronouns

22. PERSONAL

First Person | | Second Person | |
First Person Singular | First Person Plural | Second Person Singular | Second Person Plural

	Singular	Plural		Singular	Plural
N.	ἐγώ	ἡμεῖς		σύ	ὑμεῖς
G.	ἐμοῦ, μου	ἡμῶν		σοῦ, σου	ὑμῶν
D.	ἐμοί, μοι	ἡμῖν		σοί, σοι	ὑμῖν
A.	ἐμέ,με	ἡμᾶς		σέ, σε	ὑμᾶς

Third Person (and Intensive)

	Singular			Plural		
N.	αὐτός	αὐτή	αὐτό	αὐτοί	αὐταί	αὐτά
G.	αὐτοῦ	αὐτῆς	αὐτοῦ	αὐτῶν	αὐτῶν	αὐτῶν
D.	αὐτῷ	αὐτῇ	αὐτῷ	αὐτοῖς	αὐταῖς	αὐτοῖς
A.	αὐτόν	αὐτήν	αὐτό	αὐτούς	αὐτάς	αὐτά

23. REFLEXIVE

First Person

	Singular		Plural	
	M.	F.	M.	F.
G.	ἐμαυτοῦ	ἐμαυτῆς	ἡμῶν αὐτῶν	ἡμῶν αὐτῶν
D.	ἐμαυτῷ	ἐμαυτῇ	ἡμῖν αὐτοῖς	ἡμῖν αὐταῖς
A.	ἐμαυτόν	ἐμαυτήν	ἡμᾶς αὐτούς	ἡμᾶς αὐτάς

Second Person

G.	σεαυτοῦ	σεαυτῆς	ὑμῶν αὐτῶν	ὑμῶν αὐτῶν
D.	σεαυτῷ	σεαυτῇ	ὑμῖν αὐτοῖς	ὑμῖν αὐταῖς
A.	σεαυτόν	σεαυτήν	ὑμᾶς αὐτούς	ὑμᾶς αὐτάς

Third Person

G.	ἑαυτοῦ	ἑαυτῆς	ἑαυτῶν	ἑαυτῶν
D.	ἑαυτῷ	ἑαυτῇ	ἑαυτοῖς	ἑαυταῖς
A.	ἑαυτόν	ἑαυτήν	ἑαυτούς	ἑαυτάς

Pronouns (continued)

24. RECIPROCAL

M.	F.	N.
G. ἀλλήλων	ἀλλήλων	ἀλλήλων
D. ἀλλήλοις	ἀλλήλαις	ἀλλήλοις
A. ἀλλήλους	ἀλλήλας	ἄλληλα

25. DEMONSTRATIVES

οὗτος	αὕτη	τοῦτο	ἐκεῖνος	ἐκείνη	ἐκεῖνο
τούτου	ταύτης	τούτου	ἐκείνου	ἐκείνης	ἐκείνου
τούτῳ	ταύτῃ	τούτῳ	ἐκείνῳ	ἐκείνῃ	ἐκείνῳ
τοῦτον	ταύτην	τοῦτο	ἐκεῖνον	ἐκείνην	ἐκεῖνο
οὗτοι	αὗται	ταῦτα	ἐκεῖνοι	ἐκεῖναι	ἐκεῖνα
τούτων	τούτων	τούτων	ἐκείνων	ἐκείνων	ἐκείνων
τούτοις	ταύταις	τούτοις	ἐκείνοις	ἐκείναις	ἐκείνοις
τούτους	ταύτας	ταῦτα	ἐκείνους	ἐκείνας	ἐκεῖνα

26. INTERROGATIVE AND INDEFINITE

Personal	Impersonal		Personal	Impersonal
M. & F.	N.		M. & F.	N.

SINGULAR

τίς	τί		τὶς	τὶ
τίνος			τινός	
τίνι			τινί	
τίνα	τί		τινά	τὶ

PLURAL

τίνες	τίνα		τινές	τινά
τίνων			τινῶν	
τίσι			τισί	
τίνας	τίνα		τινάς	τινά

27. RELATIVE PRONOUN

ὅς	ἥ	ὅ
οὗ	ἧς	οὗ
ᾧ	ᾗ	ᾧ
ὅν	ἥν	ὅ
οἵ	αἵ	ἅ
ὧν	ὧν	ὧν
οἷς	αἷς	οἷς
οὕς	ἅς	ἅ

28. DEFINITE ARTICLE

ὁ	ἡ	τό
τοῦ	τῆς	τοῦ
τῷ	τῇ	τῷ
τόν	τήν	τό
οἱ	αἱ	τά
τῶν	τῶν	τῶν
τοῖς	ταῖς	τοῖς
τούς	τάς	τά

29. *Numerals*

M.	F.	N.
εἷς	μία	ἕν
ἑνός	μιᾶς	ἑνός
ἑνί	μιᾷ	ἑνί
ἕνα	μίαν	ἕν

M. & F.	N.	M. & F.	N.
τρεῖς	τρία	τέσσαρες	τέσσαρα
τριῶν		τεσσάρων	
τρισί		τέσσαρσι	
τρεῖς	τρία	τέσσαρας	τέσσαρα

All other numerals are indeclinable, up to διακόσιοι. Those ending in -κόσιοι, -χίλιοι, and -μύριοι are declined like καλός,ή,όν.

B. Conjugations
30. *The Regular Verb*
Active Voice

	PRESENT	IMPERFECT	FUTURE
Ind.	λύω	ἔλυον	λύσω
	λύεις	ἔλυες	λύσεις
	λύει	ἔλυε	λύσει
	λύομεν	ἐλύομεν	λύσομεν
	λύετε	ἐλύετε	λύσετε
	λύουσι	ἔλυον	λύσουσι
Sub.	λύω		
	λύῃς		
	λύῃ		
	λύωμεν		
	λύητε		
	λύωσι		
Opt.	λύοιμι		λύσοιμι
	λύοις		λύσοις
	λύοι		λύσοι
	λύοιμεν		λύσοιμεν
	λύοιτε		λύσοιτε
	λύοιεν		λύσοιεν
Imp.	λῦε		
	λυέτω		
	λύετε		
	λυέτωσαν		
Inf.	λύειν		λύσειν
Ptc.	λύων, λύουσα, λῦον		λύσων, -ουσα, -ον

Regular Verb (*continued*)

Active

	AORIST	PERFECT	PLUPERFECT[1]
Ind.	ἔλυσα	λέλυκα	λελύκειν
	ἔλυσας	λέλυκας	λελύκεις
	ἔλυσε	λέλυκε	λελύκει
	ἐλύσαμεν	λελύκαμεν	λελύκειμεν
	ἐλύσατε	λελύκατε	λελύκειτε
	ἔλυσαν	λελύκασι	λελύκεισαν

Sub. λύσω
    λύσῃς
    λύσῃ
    λύσωμεν
    λύσητε
    λύσωσι

Opt. λύσαιμι
    λύσαις
    λύσαι (λύσειε)
    λύσαιμεν
    λύσαιτε
    λύσαιεν (λύσειαν)

Imp. λῦσον
    λυσάτω
    λύσατε
    λυσάτωσαν

Inf.	λῦσαι	λελυκέναι
Ptc.	λύσας,-ασα,-αν	λελυκώς,-υῖα,-ός

[1] For Attic forms, see Lesson xlii.

Regular Verb (continued)

Middle

	PRESENT	IMPERFECT	FUTURE
Ind.	λύομαι	ἐλυόμην	λύσομαι
	λύῃ(ει)	ἐλύου	λύσῃ
	λύεται	ἐλύετο	λύσεται
	λυόμεθα	ἐλυόμεθα	λυσόμεθα
	λύεσθε	ἐλύεσθε	λύσεσθε
	λύονται	ἐλύοντο	λύσονται
Sub.	λύωμαι		
	λύῃ		
	λύηται		
	λυώμεθα		
	λύησθε		
	λύωνται		
Opt.	λυοίμην		λυσοίμην
	λύοιο		λύσοιο
	λύοιτο		λύσοιτο
	λυοίμεθα		λυσοίμεθα
	λύοισθε		λύσοισθε
	λύοιντο		λύσοιντο
Imp.	λύου		
	λυέσθω		
	λύεσθε		
	λυέσθωσαν		
Inf.	λύεσθαι		λύσεσθαι
Ptc.	λυόμενος,η,ον		λυσόμενος,η,ον

Regular Verb (*continued*)

Middle

AORIST	PERFECT	PLUPERFECT
Ind. ἐλυσάμην	λέλυμαι	ἐλελύμην
ἐλύσω	λέλυσαι	ἐλέλυσο
ἐλύσατο	λέλυται	ἐλέλυτο
ἐλυσάμεθα	λελύμεθα	ἐλελύμεθα
ἐλύσασθε	λέλυσθε	ἐλέλυσθε
ἐλύσαντο	λέλυνται	ἐλέλυντο

Sub. λύσωμαι
    λύσῃ
    λύσηται
    λυσώμεθα
    λύσησθε
    λύσωνται

Opt. λυσαίμην
    λύσαιο
    λύσαιτο
    λυσαίμεθα
    λύσαισθε
    λύσαιντο

Imp. λῦσαι
    λυσάσθω
    λύσασθε
    λυσάσθωσαν

Inf. λύσασθαι   λελύσθαι

Ptc. λυσάμενος,η,ον   λελυμένος,η,ον

Regular Verb (continued)

Passive

	FUTURE	AORIST	FUTURE PERFECT
Ind.	λυθήσομαι	ἐλύθην	λελύσομαι
	λυθήσῃ	ἐλύθης	λελύσῃ
	λυθήσεται	ἐλύθη	λελύσεται
	λυθησόμεθα	ἐλύθημεν	λελυσόμεθα
	λυθήσεσθε	ἐλύθητε	λελύσεσθε
	λυθήσονται	ἐλύθησαν	λελύσονται
Sub.		λυθῶ	
		λυθῇς	
		λυθῇ	
		λυθῶμεν	
		λυθῆτε	
		λυθῶσι	
Opt.	λυθησοίμην	λυθείην	λελυσοίμην
	λυθήσοιο	λυθείης	λελύσοιο
	λυθήσοιτο	λυθείη	λελύσοιτο
	λυθησοίμεθα	λυθεῖμεν	λελυσοίμεθα
	λυθήσοισθε	λυθεῖτε	λελύσοισθε
	λυθήσοιντο	λυθεῖεν	λελύσοιντο
Imp.		λύθητι	
		λυθήτω	
		λύθητε	
		λυθήτωσαν	
Inf.	λυθήσεσθαι	λυθῆναι	λελύσεσθαι
Ptc.	λυθησόμενος,η,ον	λυθείς,εῖσα,έν	λελυσόμενος,η,ον

31. Second Tense Forms

AORISTS

ACTIVE	MIDDLE	PASSIVE
Ind. ἔλαβον	ἐλαβόμην	ἐσπάρην
ἔλαβες	ἐλάβου	ἐσπάρης
ἔλαβε	ἐλάβετο	ἐσπάρη
ἐλάβομεν	ἐλαβόμεθα	ἐσπάρημεν
ἐλάβετε	ἐλάβεσθε	ἐσπάρητε
ἔλαβον	ἐλάβοντο	ἐσπάρησαν
Sub. λάβω	λάβωμαι	σπαρῶ
λάβῃς	λάβῃ	σπαρῇς
λάβῃ	λάβηται	σπαρῇ
λάβωμεν	λαβώμεθα	σπαρῶμεν
λάβητε	λάβησθε	σπαρῆτε
λάβωσι	λάβωνται	σπαρῶσι
Opt. λάβοιμι	λαβοίμην	σπαρείην
λάβοις	λάβοιο	σπαρείης
λάβοι	λάβοιτο	σπαρείη
λάβοιμεν	λαβοίμεθα	σπαρεῖμεν
λάβοιτε	λάβοισθε	σπαρεῖτε
λάβοιεν	λάβοιντο	σπαρεῖεν
Imp. λάβε(λαβέ)	λαβοῦ	σπάρηθι
λαβέτω	λαβέσθω	σπαρήτω
λάβετε	λάβεσθε	σπάρητε
λαβέτωσαν	λαβέσθωσαν	σπαρήτωσαν
Inf. λαβεῖν	λαβέσθαι	σπαρῆναι
Ptc. λαβών,οῦσα,όν	λαβόμενος,η,ον	σπαρείς,εῖσα,έν

Second Tense Forms (*continued*)

AORIST ACTIVE

Ind. εἶπα (εἶπον)   ἔβην   ἔγνων
εἶπας (εἶπες)   ἔβης   ἔγνως
εἶπε   ἔβη   ἔγνω

εἴπαμεν (εἴπομεν)   ἔβημεν   ἔγνωμεν
εἴπατε (εἴπετε)   ἔβητε   ἔγνωτε
εἶπαν (εἶπον)   ἔβησαν   ἔγνωσαν

Sub. εἴπω   βῶ   γνῶ
εἴπῃς   βῇς   γνῷς
εἴπῃ   βῇ   γνῷ (γνοῖ)

εἴπωμεν   βῶμεν   γνῶμεν
εἴπητε   βῆτε   γνῶτε
εἴπωσι   βῶσι   γνῶσι

Imp. εἰπόν (εἰπέ)   βῆθι (-βα)   γνῶθι
εἰπάτω   βήτω (-βάτω) γνώτω

εἴπατε   βῆτε (-βατε) γνῶτε
εἰπάτωσαν   βήτωσαν   γνώτωσαν

Inf. εἰπεῖν   βῆναι   γνῶναι

Ptc. εἰπών, οῦσα, όν   βάς, βᾶσα, βάν   γνούς, οῦσα, όν
(εἴπας)

Second Tense Forms (*continued*)

PERFECT ACTIVE		PLP.ACT.	FUT. PASS.
Ind. γέγονα	οἶδα	ᾔδειν	φανήσομαι
γέγονας	οἶδας	ᾔδεις	φανήσῃ
γέγονε	οἶδε	ᾔδει	φανήσεται
γεγόναμεν	οἴδαμεν	ᾔδειμεν	φανησόμεθα
γεγόνατε	οἴδατε(ἴστε)	ᾔδειτε	φανήσεσθε
γεγόνασι[1]	οἴδασι(ἴσασι)	ᾔδεισαν	φανήσονται

Sub.	εἰδῶ
	εἰδῇς
	εἰδῇ
	εἰδῶμεν
	εἰδῆτε
	εἰδῶσι

Imp.	ἴσθι
	ἴστω
	ἴστε
	ἴστωσαν

Inf. γεγονέναι   εἰδέναι

Ptc. γεγονώς,υῖα,ός εἰδώς,υῖα,ός

[1] Rm. 16:7 has γέγοναν.

32. Contract Verbs

Ποιέω

Present Active

Uncontracted		*Contracted*	

INDICATIVE

ποιέω	ποιέομεν	ποιῶ	ποιοῦμεν
ποιέεις	ποιέετε	ποιεῖς	ποιεῖτε
ποιέει	ποιέουσι	ποιεῖ	ποιοῦσι

SUBJUNCTIVE

ποιέω	ποιέωμεν	ποιῶ	ποιῶμεν
ποιέῃς	ποιέητε	ποιῇς	ποιῆτε
ποιέῃ	ποιέωσι	ποιῇ	ποιῶσι

IMPERATIVE

ποίεε	ποιέετε	ποίει	ποιεῖτε
ποιεέτω	ποιεέτωσαν	ποιείτω	ποιείτωσαν

INFINITIVE

ποιέειν	ποιεῖν

PARTICIPLE

ποιέων,ουσα,ον	ποιῶν,οῦσα,οῦν

Imperfect Active

ἐποίεον	ἐποιέομεν	ἐποίουν	ἐποιοῦμεν
ἐποίεες	ἐποιέετε	ἐποίεις	ἐποιεῖτε
ἐποίεε	ἐποίεον	ἐποίει	ἐποίουν

Contract Verbs(*continued*)

Ποιέω(*continued*)

Present Middle and Passive

Uncontracted   *Contracted*

INDICATIVE

ποιέομαι	ποιεόμεθα	ποιοῦμαι	ποιούμεθα
ποιέῃ	ποιέεσθε	ποιῇ	ποιεῖσθε
ποιέεται	ποιέονται	ποιεῖται	ποιοῦνται

SUBJUNCTIVE

ποιέωμαι	ποιεώμεθα	ποιῶμαι	ποιώμεθα
ποιέῃ	ποιέησθε	ποιῇ	ποιῆσθε
ποιέηται	ποιέωνται	ποιῆται	ποιῶνται

IMPERATIVE

ποιέου	ποιέεσθε	ποιοῦ	ποιεῖσθε
ποιεέυθω	ποιεέσθωσαν	ποιείσθω	ποιείσθωσαν

INFINITIVE

ποιέεσθαι   ποιεῖσθαι

PARTICIPLE

ποιεόμενος,η,ον   ποιούμενος,η,ον

Imperfect Middle and Passive

ἐποιεόμην	ἐποιεόμεθα	ἐποιούμην	ἐποιούμεθα
ἐποιέου	ἐποιέεσθε	ἐποιοῦ	ἐποιεῖσθε
ἐποιέετο	ἐποιέοντο	ἐποιεῖτο	ἐποιοῦντο

Contract Verbs (continued)

Ἀγαπάω

Present Active

<table>
<tr><td colspan="2">Uncontracted</td><td colspan="2">Contracted</td></tr>
<tr><td colspan="4" align="center">INDICATIVE</td></tr>
<tr><td>ἀγαπάω</td><td>ἀγαπάομεν</td><td>ἀγαπῶ</td><td>ἀγαπῶμεν</td></tr>
<tr><td>ἀγαπάεις</td><td>ἀγαπάετε</td><td>ἀγαπᾷς</td><td>ἀγαπᾶτε</td></tr>
<tr><td>ἀγαπάει</td><td>ἀγαπάουσι</td><td>ἀγαπᾷ</td><td>ἀγαπῶσι</td></tr>
<tr><td colspan="4" align="center">SUBJUNCTIVE</td></tr>
<tr><td>ἀγαπάω</td><td>ἀγαπάωμεν</td><td>ἀγαπῶ</td><td>ἀγαπῶμεν</td></tr>
<tr><td>ἀγαπάῃς</td><td>ἀγαπάητε</td><td>ἀγαπᾷς</td><td>ἀγαπᾶτε</td></tr>
<tr><td>ἀγαπάῃ</td><td>ἀγαπάωσι</td><td>ἀγαπᾷ</td><td>ἀγαπῶσι</td></tr>
<tr><td colspan="4" align="center">IMPERATIVE</td></tr>
<tr><td>ἀγάπαε</td><td>ἀγαπάετε</td><td>ἀγάπα</td><td>ἀγαπᾶτε</td></tr>
<tr><td>ἀγαπαέτω</td><td>ἀγαπαέτωσαν</td><td>ἀγαπάτω</td><td>ἀγαπάτωσαν</td></tr>
<tr><td colspan="4" align="center">INFINITIVE</td></tr>
<tr><td>ἀγαπάειν</td><td></td><td>ἀγαπᾶν</td><td></td></tr>
<tr><td colspan="4" align="center">PARTICIPLE</td></tr>
<tr><td>ἀγαπάων,ουσα,ον</td><td></td><td>ἀγαπῶν,ῶσα,ῶν</td><td></td></tr>
</table>

Imperfect Active

<table>
<tr><td>ἠγάπαον</td><td>ἠγαπάομεν</td><td>ἠγάπων</td><td>ἠγαπῶμεν</td></tr>
<tr><td>ἠγάπαες</td><td>ἠγαπάετε</td><td>ἠγάπας</td><td>ἠγαπᾶτε</td></tr>
<tr><td>ἠγάπαε</td><td>ἠγάπαον</td><td>ἠγάπα</td><td>ἠγάπων</td></tr>
</table>

Contract Verbs (continued)

Ἀγαπάω (continued)

Present Middle and Passive

Uncontracted   *Contracted*

INDICATIVE

ἀγαπάομαι	ἀγαπαόμεθα	ἀγαπῶμαι	ἀγαπώμεθα
ἀγαπάῃ	ἀγαπάεσθε	ἀγαπᾷ	ἀγαπᾶσθε
ἀγαπάεται	ἀγαπάονται	ἀγαπᾶται	ἀγαπῶνται

SUBJUNCTIVE

ἀγαπάωμαι	ἀγαπαώμεθα	ἀγαπῶμαι	ἀγαπώμεθα
ἀγαπάῃ	ἀγαπάησθε	ἀγαπᾷ	ἀγαπᾶσθε
ἀγαπάηται	ἀγαπάωνται	ἀγαπᾶται	ἀγαπῶνται

IMPERATIVE

| ἀγαπάου | ἀγαπάεσθε | ἀγαπῶ | ἀγαπᾶσθε |
| ἀγαπαέσθω | ἀγαπαέσθωσαν | ἀγαπάσθω | ἀγαπάσθωσαν |

INFINITIVE

ἀγαπάεσθαι   ἀγαπᾶσθαι

PARTICIPLE

ἀγαπαόμενος,η,ον   ἀγαπώμενος.η.ον

Imperfect Middle and Passive

ἠγαπαόμην	ἠγαπαόμεθα	ἠγαπώμην	ἠγαπώμεθα
ἠγαπάου	ἠγαπάεσθε	ἠγαπῶ	ἠγαπᾶσθε
ἠγαπάετο	ἠγαπάοντο	ἠγαπᾶτο	ἠγαπῶντο

Contract Verbs(continued)

Σταυρόω

Present Active

Uncontracted   *Contracted*

INDICATIVE

σταυρόω	σταυρόομεν	σταυρῶ	σταυροῦμεν
σταυρόεις	σταυρόετε	σταυροῖς	σταυροῦτε
σταυρόει	σταυρόουσι	σταυροῖ	σταυροῦσι

SUBJUNCTIVE

σταυρόω	σταυρόωμεν	σταυρῶ	σταυρῶμεν
σταυρόῃς	σταυρόητε	σταυροῖς	σταυρῶτε[1]
σταυρόῃ	σταυρόωσι	σταυροῖ	σταυρῶσι

IMPERATIVE

σταύροε	σταυρόετε	σταύρου	σταυροῦτε
σταυροέτω	σταυροέτωσαν	σταυρούτω	σταυρούτωσαν

INFINITIVE

σταυρόειν   σταυροῦν

PARTICIPLE

σταυρόων,ουσα,ον   σταυρῶν,οῦσα,οῦν

Imperfect Active

ἐσταύροον	ἐσταυρόομεν	ἐσταύρουν	ἐσταυροῦμεν
ἐσταύροες	ἐσταυρόετε	ἐσταύρους	ἐσταυροῦτε
ἐσταύροε	ἐσταύροον	ἐσταύρου	ἐσταύρουν

[1] In Gal. 4:17, ζηλοῦτε.

Contract Verbs (continued)

Σταυρόω (continued)

Present Middle and Passive

Uncontracted   *Contracted*

INDICATIVE

σταυρόομαι	σταυροόμεθα	σταυροῦμαι	σταυρούμεθα
σταυρόῃ	σταυρόεσθε	σταυροῖ	σταυροῦσθε
σταυρόεται	σταυρόονται	σταυροῦται	σταυροῦνται

SUBJUNCTIVE

σταυρόωμαι	σταυροώμεθα	σταυρῶμαι	σταυρώμεθα
σταυρόῃ	σταυρόησθε	σταυροῖ	σταυρῶσθε[1]
σταυρόηται	σταυρόωνται	σταυρῶται	σταυρῶνται

IMPERATIVE

σταυρόου	σταυρόεσθε	σταυροῦ	σταυροῦσθε
σταυροέσθω	σταυροέσθωσαν	σταυρούσθω	σταυρούσθωσαν

INFINITIVE

σταυρόεσθαι   σταυροῦσθαι

PARTICIPLE

σταυροόμενος,η,ον   σταυρούμενος,η,ον

Imperfect Middle and Passive

ἐσταυροόμην	ἐσταυροόμεθα	ἐσταυρούμην	ἐσταυρούμεθα
ἐσταυρόου	ἐσταυρόεσθε	ἐσταυροῦ	ἐσταυροῦσθε
ἐσταυρόετο	ἐσταυρόοντο	ἐσταυροῦτο	ἐσταυροῦντο

[1] In 1 Cor. 4:6, φυσιοῦσθε.

33. -μι *Verbs*

PRESENT ACTIVE

Ind. ἵστημι   τίθημι   δίδωμι   δείκνυμι
     ἵστης   τίθης   δίδως   δείκνυς
     ἵστησι   τίθησι   δίδωσι   δείκνυσι

     ἵσταμεν   τίθεμεν   δίδομεν   δείκνυμεν
     ἵστατε   τίθετε   δίδοτε   δείκνυτε
     ἱστᾶσι   τιθέασι   διδόασι   δεικνύασι

Sub.   τιθῶ   διδῶ
         τιθῇς   διδῷς
         τιθῇ   διδῷ
         τιθῶμεν   διδῶμεν
         τιθῆτε   διδῶτε
         τιθῶσι   διδῶσι

Imp.   τίθει   δίδου
         τιθέτω   διδότω
         τίθετε   δίδοτε
         τιθέτωσαν   διδότωσαν

Inf.   τιθέναι   διδόναι   δεικνύναι

Ptc.   τιθείς   διδούς,   δεικνύς,
         τιθεῖσα,   διδοῦσα,   δεικνύσα,
         τιθέν   διδόν   δεικνύν

IMPERFECT ACTIVE

ἐτίθην   ἐδίδουν
ἐτίθεις   ἐδίδους
ἐτίθει   ἐδίδου
ἐτίθεμεν   ἐδίδομεν
ἐτίθετε   ἐδίδοτε
ἐτίθεσαν(ἐτίθουν)   ἐδίδοσαν(ἐδίδουν)

-μι *Verbs* (*continued*)

AORIST ACTIVE

Ind.	ἔστην	ἔθηκα	ἔδωκα	ἔδειξα
	ἔστης	ἔθηκας	ἔδωκας	etc.
	ἔστη	ἔθηκε	ἔδωκε	
	ἔστημεν	ἐθήκαμεν	ἐδώκαμεν	
	ἔστητε	ἐθήκατε	ἐδώκατε	
	ἔστησαν	ἔθηκαν	ἔδωκαν (ἔδοσαν)	

Sub.	στῶ	θῶ	δῶ
	στῇς	θῇς	δοῖς (δῷς)
	στῇ	θῇ	δοῖ (δῷ, δώῃ)
	στῶμεν	θῶμεν	δῶμεν
	στῆτε	θῆτε	δῶτε
	στῶσι	θῶσι	δῶσι

Opt.			———
			———
			δώῃ (δοίη)

Imp.	στῆθι (-στα)	θές	δός
	στήτω	θέτω	δότω
	στῆτε	θέτε	δότε
	στήτωσαν	θέτωσαν	δότωσαν

Inf.	στῆναι	θεῖναι	δοῦναι

Ptc.	στάς,	θείς,	δούς,
	στᾶσα,	θεῖσα,	δοῦσα,
	στάν	θέν	δοῦν

-μι Verbs (continued)

PRESENT MIDDLE

Ind.	ἵσταμαι	τίθεμαι	δίδομαι	δύναμαι
	ἵστασαι	τίθεσαι	δίδοσαι	δύνασαι (δύνῃ)
	ἵσταται	τίθεται	δίδοται	δύναται
	ἱστάμεθα	τιθέμεθα	διδόμεθα	δυνάμεθα
	ἵστασθε	τίθεσθε	δίδοσθε	δύνασθε
	ἵστανται	τίθενται	δίδονται	δύνανται

Sub.
δύνωμαι
δύνῃ
δύνηται

δυνώμεθα
δύνησθε
δύνωνται

Opt.
δυναίμην
δύναιο
δύναιτο

δυναίμεθα
δύναισθε
δύναιντο

Imp.	ἵστασο	τίθεσο	δίδοσο	
	ἱστάσθω	τιθέσθω	διδόσθω	
	ἵστασθε	τίθεσθε	δίδοσθε	
	ἱστάσθωσαν	τιθέσθωσαν	διδόσθωσαν	

Inf.	ἵστασθαι	τίθεσθαι	δίδοσθαι	δύνασθαι
Ptc.	ἱστάμενος	τιθέμενος,	διδόμενος	δυνάμενος

-μι *Verbs* (*continued*)

IMPERFECT MIDDLE

ἱστάμην	ἐτιθέμην	ἠδυνάμην
ἵστασο	ἐτίθεσο	ἠδύνασο
ἵστατο	ἐτίθετο	ἠδύνατο[1]
ἱστάμεθα	ἐτιθέμεθα	ἠδυνάμεθα
ἵστασθε	ἐτίθεσθε	ἠδύνασθε
ἵσταντο	ἐτίθεντο	ἠδύναντο

AORIST MIDDLE

Ind.
    ἐθέμην
    ἔθου
    ἔθετο
    ἐθέμεθα
    ἔθεσθε
    ἔθεντο

Imp.
    θοῦ
    θέσθω
    θέσθε
    θέσθωσαν

Inf.
    θέσθαι

Ptc.
    θέμενος,η,ον

---

[1] Also augmented with ε.

-μι *Verbs* (*continued*)
34. *Conjugation of* εἰμί

PRESENT	IMPERFECT	FUTURE
Ind. εἰμί	ἤμην	ἔσομαι
εἶ	ἦς (ἦσθα)	ἔσῃ
ἐστί (ἔνι)	ἦν	ἔσται
ἐσμέν	ἤμεθα (ἦμεν)	ἐσόμεθα
ἐστέ	ἦτε	ἔσεσθε
εἰσί	ἦσαν	ἔσονται

Sub. ὦ
ᾖς
ᾖ
ὦμεν
ἦτε
ὦσι

Opt. εἴην
εἴης
εἴη
εἶμεν
εἶτε
εἶεν

Imp. ἴσθι (ἔσο)
ἔστω (ἤτω)
ἔσεσθε
ἔστωσαν

Inf. εἶναι   ἔσεσθαι

Ptc. ὤν, οὖσα, ὄν   ἐσόμενος, η, ον

35. *Principal Parts of Irregular Verbs*

The following list is intended to include all New Testament verbs that can not, with reasonable care, be identified in a lexicon. Reasonable care includes taking note of prefixes, augments, and reduplications.

Principal parts are arranged in the following order: *present, future, aorist, perfect active, perfect middle, aorist passive, future passive.* Any one of these parts may be lacking in a given verb.

For further helps see pp. 128-129.

ἀγγέλλω, ἀγγελῶ, ἤγγειλα, ἤγγελκα, ἠγγέλθην.

ἄγω, ἄξω, ἤγαγον(-ῆξα), ἦγμαι, ἤχθην.

αἱρέω, αἱρήσω(ἑλῶ), εἷλον, ᾕρηκα, ᾕρημαι, ᾑρέθην.

αἴρω, ἀρῶ, ἦρα, ἦρκα, ἦρμαι, ἤρθην.

ἀκούω, ἀκούσω(ἀκούσομαι), ἤκουσα, ἀκήκοα, ἠκούσθην.

ἀλλάσσω, ἀλλάξω, ἤλλαξα, ἤλλαγμαι, ἠλλάγην.

ἀναβαίνω, see βαίνω.

ἀναλίσκω, (ἀναλόω), ἀνάλωσα, ἀναλώθην.

ἀν-οίγω, ἀνοίξω, ἀνέῳξα(ἠνέῳξα, ἤνοιξα), ἀνέῳγα, ἀνέῳγμαι(ἠνέῳγμαι, ἤνοιγμαι), ἀνεῴχθην(ἠνεῴχθην, ἠνοίγην).

ἀποθνῄσκω, ἀποθανοῦμαι, ἀπέθανον, τέθνηκα.

ἀπόλλυμι(ἀπολλύω), ἀπολῶ(ἀπολέσω), ἀπώλεσα, ἀπολώλεκα, ἀπόλωλα.

ἀρέσκω, ἤρεσα.

ἀφίημι(ἀφίω), ἀφήσω, ἀφῆκα, ἀφείθην(-εθῶ). See Lesson lv.

ἀχθείς, see ἄγω.

ἅψωμαι, see ἅπτομαι.

-βαίνω, -βήσομαι, -έβην, -βέβηκα.

βάλλω, βαλῶ, ἔβαλον, βέβληκα, βέβλημαι, ἐβλήθην.

βλέπω(ὁράω), βλέψω, ἔβλεψα.

γίνομαι(γίγνομαι), γενήσομαι, ἐγενόμην, γέγονα.

γινώσκω(γιγνώσκω), γνώσομαι, ἔγνων, ἔγνωκα, ἔγνωσ-
　　μαι, ἐγνώσθην.

δεικνύω(δείκνυμι), δείξω, ἔδειξα.

δέρω, δερῶ, ἔδειρα, ἐδάρην.

δέω, δήσω, ἔδησα, δέδεκα, δέδεμαι, ἐδέθην.

δίδωμι, δώσω, ἔδωκα, δέδωκα, δέδομαι, ἐδόθην.

δοκέω, ἔδοξα.

δοῦναι, see δίδωμι.

ἐγγίζω, ἤγγικα.

ἐγείρω, ἐγερῶ, ἤγειρα, ἐγρήγορα, ἐγήγερμαι, ἠγέρθην.

ἐγράφην, 2nd aor. pass. of γράφω.

ἔδραμον, aorist with τρέχω.

ἐθίζω, εἴθισμαι.

ἔθρεψα, aorist of τρέφω.

ἔθω, εἴωθα.

εἶδον, aorist with ὁράω.

εἰδώς, perfect participle of οἶδα.

εἰθισμένον, perfect middle participle of ἐθίζω.

εἷλον(εἵλατο), aorist of αἱρέω.

εἰμί(εἶναι, ἤμην, ἦσθα, ἦν), ἔσομαι, conj. in App. iii.34.

-ειμι(pr.3rd.pl., -ίασι; impf., -ήειν, -ήεσαν; inf., -ιέναι:
　　ptc., -ιών.)

εἶπον, εἴρηκα, see λέγω.

ἐλαύνω, -ήλασα, ἐλήλακα.

ἐλεῖν, see αἱρέω.

εἴρημαι, see λέγω.

ἐλεύσομαι, see ἔρχομαι.

ἐπλάγην, aor. pass. of πλήσσω.

ἑλκόω, εἵλκωμαι.

ἐνεγκεῖν(ἐνέγκαι), ἐνεχθεῖσαν, see φέρω.

ἐρρέθην, see λέγω.

ἔρρωσθε, aor.pass. of ῥώννυμι.

ἔρχομαι, ἐλεύσομαι, ἦλθον, ἐλήλυθα.

ἐρῶ, see λέγω.

ἐσθίω(ἔσθω, τρώγω), φάγομαι, ἔφαγον.

ἐτάφη, aor. pass. of θάπτω.

ἐτύθην, aor. pass.. of θύω

εὑρίσκω, εὑρήσω, εὗρον(ηὗρον), εὕρηκα, εὑρέθην.

ἔχω(impf., εἶχον, εἴχοσαν), ἕξω, ἔσχον, ἔσχηκα.

ἔσχημαι, ἐσχέθην.

ἑώρων, see ὁράω.

ζάω, ζήσω, ἔζησα.

ᾔδειν, see οἶδα.

ἤθελεν, ἠθέλησα, impf. and aor. of θέλω.

ἦλθον, see ἔρχομαι.

ἠμφιεσμένον, pf. ptc. of ἀμφιέννυμι.

ἤνεγκα, see φέρω.

ἡσσάομαι = ἡττάομαι.

θεῖναι, see p. 175.

ἴδω, etc., see εἶδον.

ἵστημι, στήσω, ἔστησα(ἔστην),[1] ἕστηκα, ἕσταμαι, ἐστά-
θην(pf. ptcc. ἑστηκώς and ἑστώς).

-ίημι(-ιᾶσι, -ιέναι, -ιείς, -ιέντες), -ήσω, -ἦκα(-ῶ), -έων-
ται, -έθη.

[1] The first aorist of this verb is transitive, the second aorist intransitive

ἴσθι, imperative of εἰμί and οἶδα.

καίω, καύσω, ἔκαυσα, κέκαυμαι, ἐκαύθην(ἐκάην).

καλέω, καλέσω, ἐκάλεσα, κέκληκα, κέκλημαι, ἐκλήθην

κατάγνυμι, κατεάξω, κατέαξα, κατεάγην.

καυχᾶσαι, 2nd. sing.

κερδαίνω, κερδανῶ, ἐκέρδησα.

κίχρημι, ἔχρησα.

κρίνω, κρινῶ, ἔκρινα, κέκρικα, κέκριμαι, ἐκρίθην.

κρύπτω(κρύβω), ἔκρυψα, κέκρυμμαι, ἐκρύβην.

λαγχάνω, ἔλαχεν.

λαμβάνω, λήμψομαι, ἔλαβον, εἴληφα, εἴλημμαι, ἐλήφθην

λανθάνω, ἔλαθον.

λάσκω, ἐλάκησα.

λέγω(φημί), ἐρῶ, εἶπον, εἴρηκα, εἴρημαι, ἐρρέθην.

λείπω, λείψω, ἔλιπον, λέλοιπα, λέλειμμαι, ἐλείφθην.

-λιμπάνω = -λείπω.

μανθάνω, ἔμαθον, μεμάθηκα.

μαραίνω, μαρανθήσεται.

μένω, μενῶ, ἔμεινα, μεμένηκα.

μιαίνω, μεμίαμμαι, ἐμιάνθην.

μίγνυμι, ἔμιξα, μέμιγμαι.

μιμνήσκω, μνήσω, ἔμνησα, μέμνημαι, ἐμνήσθην.

νύσσω, ἔνυξεν, -ενύγην.

ξηραίνω, ἐξήραμμαι, ἐξηράνθην.

οἶδα, see conjugation, p. 167

οἴσω, see φέρω.

ὀμνύω, ὤμοσα.

ὁράω(βλέπω)(impf., ἑώρων), ὄψομαι, εἶδον, ἑώρακα
    ὤφθην.

οὖσα, see ὤν.

πάσχω, ἔπαθον, πέπονθα.

παύω, παύσω, ἔπαυσα, πέπαυμαι, ἐπάην.

πείθω, πείσω, ἔπεισα, πέποιθα, πέπεισμαι, ἐπείσθην.

πήγνυμι, ἔπηξα.

πίμπλημι, ἔπλησα, ἐπλήσθην.

πίνω, πίομαι, ἔπιον, πέπωκα.

πιπράσκω, πέπρακα, πέπραμαι, ἐπράθην.

πίπτω, πεσοῦμαι, ἔπεσον, πέπτωκα.

πλέω, ἔπλευσα.

πλήσσω, -έπληξα, ἐπλήγην(-επλάγην).

πυνθάνομαι, ἐπυθόμην.

ῥέω, ῥεύσω, -ρυῶ.

ῥηθείς, see λέγω.

ῥήσσω(ῥήγνυμι), ῥήξω, ἔρρηξα.

ῥίπτω, ἔρριψα, ἔρριμμαι.

σπάω, σπάσω, ἔσπασα, ἔσπαμαι, ἐσπάσθην

σπείρω, ἔσπειρα, ἔσπαρμαι, ἐσπάρην.

σταυρόω, σταυρώσω, ἐσταύρωσα, ἐσταύρωμαι, ἐσταυρώ-
θην.

στέλλω, στελῶ, ἔστειλα, ἔσταλκα, ἔσταλμαι, ἐστάλην.

στήκω, στήσω, ἔστησα, etc., see ἵστημι.

στρέφω, ἔστρεψα, ἔστραμμαι, ἐστράφην.

σώζω, σώσω, ἔσωσα, σέσωκα, ἐσώθην.

τάσσω, τάξω, ἔταξα, τέταχα, τέταγμαι, ἐτάχθην(ἐτάγην).

-τέλλω, -τελῶ, -έτειλα, -τέταλκα.

τίθημι, θήσω, ἔθηκα(ἐθέμην), τέθηκα, τέθειμαι, ἐτέθην.

τίκτω, τέξομαι, ἔτεκον, ἐτέχθην.

τίνω, τίσω.

-τρέπω, -τρέψω, -έτρεψα, -τέτροφα, -τέτραμμαι, -ετράπην
τρέφω, ἔθρεψα, τέθραμμαι, ἐθρεψάμην(ἐτράφην).
τυγχάνω, ἔτυχον, τέτυχα(τέτευχα).
φάγομαι, see ἐσθίω.
φαίνω, ἐφάνην, φανήσομαι.
φέρω, οἴσω, ἤνεγκα(inf. 1 ἐνέγκαι; 2, ἐνεγκεῖν), ἐνήνοχα,
    ἐνήνεγμαι, ἠνέχθην.
φεύγω, φεύξομαι, ἔφυγον.
φημί(impf. ἔφην), see λέγω.
φθείρω, φθερῶ, ἔφθειρα, -έφθαρμαι, ἐφθάρην.
φράσσω, ἔφραξα, ἐφράγην.
φύω(2nd. aor. dep. p.ptc., φυέν.)
χαίρω, χαρήσομαι, κεχάρημαι, ἐχάρην.
χρῆσον(χράω, κίχρημι).
ψύχω, ἔψυξα, ψυγήσομαι.
ὤν(οὖσα,ὄν), ptc. of εἰμί.

APPENDIX IV
SYNTAX

Roman numerals in parentheses refer to the lessons where the constructions in question are discussed under *Syntax*.

Arabic numerals refer to sections in this appendix.

———————

Syntax is the relationship of the parts of a sentence to each other. It deals primarily with the functions of words and subordinate clauses.

CASE

§ 1. Greek and English, and many other languages, are descended from a parent language known as Indo-European. This parent language had, at one stage, eight case forms. The tendency in languages descended from it has been to lose the separate case forms, their function being taken over by prepositions. The English noun has only one case ending left, French nouns none. Greek represents an intermediate stage in the long process of reducing case endings. Its ablative, locative, and instrumental endings were lost in ancient times, the ablative (source or origin) functions being taken over by the genitive ending, the locative and instrumental by the dative.

In view of the above facts it is helpful to know that the dative case form is used for location and for means or instrument, as well as for the true dative; and that the genitive case form is used for ablative functions.

However, knowledge of the history of these two case forms is by no means a complete or entirely accurate guide to their uses. For example, possession is expressed by both genitive and dative. In the spoken language the dative form was extinct by the end of the Koine period, its functions absorbed partly by the genitive, partly by the accusative. The New Testament provides examples of these phenomena.

NOMINATIVE

§ 2. The subject of a finite verb is in the nominative. (iii.a.)

§ 3. Direct address is usually in the nominative, but see § 6.

§ 4. An inscription, or the title of a book, is in the nominative.

§ 5. Predicate nouns, adjectives, pronouns, participles, and numerals agree in case with the subject. (v.a.)

VOCATIVE

§ 6. Some nouns have a vocative case-form in the singular, which is used for direct address.(xi, xxviii, footnotes). The tendency in Κοινή was to use the nominative instead of these vocative forms.

ACCUSATIVE

§ 7. The direct object of a verb is usually in the accusative. (iii.b.)

§ 8. Both subject and object of the infinitive are usually in the accusative.(xxxi)

§ 9. The accusative is often used adverbially to express manner(Mk. 1.6, τρίχας, ζώνην). measure(xxii), time,what is sworn by in oaths(xl.d), that with regard to which a statement is true, etc.

§ 10. Some verbs take two accusatives.(xxxviii.c.)

§ 11. A number of prepositions take the accusative, §§ 45-47.

GENITIVE

§ 12. When the genitive modifies a noun, it usually specifies or describes some such aspect as possession (v.c)lack, separation, kind, content, subject represented, behavior, purpose, material, price(xli.b), amount, time, the whole, etc.

§ 13. *Subjective Genitive.* When the noun in the genitive is the subject of the action expressed by the noun modified, the genitive is said to be *subjective,* e.g., θόρυβος τοῦ λαοῦ, *a people's disturbance.*

§ 14. *Objective Genitive.* When the noun in the genitive is the object of the action expressed by the noun modified, the genitive is said to be *objective,* e.g., ἄφεσις ἁμαρτιῶν, *forgiveness of sins.*

§ 15. Certain adjectives take the genitive, e.g., ἄξιοι θανάτου, *worthy of death.*

§ 16. Certain verbs of ruling, accusation, endurance, perception, bodily contact, being filled, etc., take the genitive.(xxxiv.c)

§ 17. Ἀκούω takes both genitive and accusative. In some authors, e.g., *Mark,* it regularly takes the genitive of the person, and the accusative of the thing. (iii.c., xxxiv.c-d)

§ 18. The part by which a person is taken hold of is put in the genitive.(xxv.a.)

§ 19. For the genitive with prepositions, see §§ 43, 46,47.

§ 20. The genitive of agent is usually accompanied by ὑπό and the passive voice. Other prepositions are sometimes used.(lvi)

§ 21. A number of adverbs, most of them denoting spatial relations, are frequently used as prepositions taking the genitive, e.g., ἔμπροσθεν, ἔξω, ἔξωθεν, ἔσω, κατέναντι, ὀπίσω, πέραν, πλήν, ὑποκάτω, χωρίς.

§ 22. The genitive is employed adverbially to denote price, e.g., δύο στρούθια ἀσσαρίου, *two sparrows for a cent.*

§ 23. A genitive may be used adverbially to express location in time or space; e.g., παρέλαβε τὸ παιδίον νυκτός, *he took the child by night;* χειμῶνος, *in the winter;* ἐξ οὐρανοῦ, *in heaven*(Lk. 11.13); ἐκ κοιλίας, *in the womb.*(Lk. 1.15.)

§ 24. The genitive of comparison is used with the comparative degree of adjectives or adverbs.(lii)

§ 25. The genitive absolute usually consists of a noun(or pronoun) and a participle, both in the genitive case; the noun being the subject of the verbal idea expressed by the participle.(xxvii)

DATIVE

§ 26. An indirect object is in the dative.(xi.a.)

§ 27. Possession is sometimes expressed by the dative(xxii.b.), but usually with pronouns.

§ 28. Location in space or time is usually expressed with the dative; in space with ἐν, in time with or without the preposition. (xi)

§ 29. Certain verbs take the dative: first, compound verbs, e.g., προσελθόντες αὐτῷ, *having approached him;* however, πρὸς ὃν προσερχόμενοι, *approaching whom;* second, certain verbs of command, e.g., διαστέλλω, ἐπιτάσσω, παραγγέλλω; third, certain verbs meaning *help, please,* and the like.

§§ 30, 31. Instrumental Datives.

a. Cause, with or without a preposition.(xxiii.a.)

b. Manner, e.g., χάριτι μετέχω, *I partake thankfully.*

c. Means and instrument are usually expressed by the dative which usually takes ἐν in this construction.(xix.b.)

§ 32. The dative of specification is used indicate that in respect to which a statement is true, e.g., Συροφοινίκισσα τῷ γένει, *a Syrophoenician by birth.*

AGREEMENT

§ 36. An article, adjective, demonstrative pronoun. interrogative pronoun, participle, or numeral, agrees in gender, number, and case, with the noun it modifies.

§ 37. Adjectives of two endings, which are usually compound. use the same forms for masculine and feminine.(xiv)

§ 38. a. A predicate noun agrees with the subject in case. (v.a.)

b. A predicate adjective, pronoun, or participle, agrees with its subject in gender, number, and, case. (v.a.)

c. Two nouns, or noun equivalents, in the same construction, one defining the other, are said to be in apposition. Such elements agree in case.(lv, footnote to sentence 4.)

§ 39.a. A relative pronoun agrees with its antecedent in gender and number, but its case is determined by its function in the subordinate clause, e.g., οὐκ ἀπέχεται τῆς γλώσσης, ἐν ᾗ πονηρεύεται, *she does not refrain from her talking, at which she behaves wickedly.*

b. Sometimes a relative pronoun is attracted into the case of its antecedent. (li)

§ 40. Personal, reflexive, and reciprocal pronouns agree with their antecedents in gender and number.

§ 41. A verb regularly agrees in number with its subject, but neuter plurals may take singular verbs. (viii. b.)

§ 42. The infinitive is neuter.

PREPOSITIONS

§ 43. Ἐκ and ἀπό always take the genitive.

§ 44. Ἐν and σύν always take the dative.

§ 45. Εἰς always takes the accusative.

§ 46. Διά, κατά, μετά, περί, ὑπέρ, and ὑπό take the genitive or accusative, according to their meaning, as shown in the following table (x):

	WITH GENITIVE	WITH ACCUSATIVE
διά	*thru*	*on account of*
κατά	*against*	*according to*
μετά	*with (accompaniment)*	*after*
περί	*concerning*	*near*
ὑπέρ	*for (in behalf of)*	*above*
ὑπό	*by (agency)*	*under*

§ 47. The prepositions ἐπί, παρά, and πρός take the genitive, dative, or accusative, according to the following table. (xiii):

GENITIVE	DATIVE	ACCUSATIVE
ἐπί *on, onto, in*	*at (in view of)*	*onto, upon, along*
παρά *from (the presence of)*	*for (on the part of)*	*along, to*
πρός *conducive to*	*near*	*towards*

Adjectives

The agreements of adjectives are stated above, § 36-38.

Any adjective may be used as a noun(xv).

---

§ 48. Attributive Order. The word-order of an article-adjective-noun phrase is called *attributive* when the adjective is immediately preceded by the article(xiv.a). Exceptions to this rule are demonstratives(xxx) and the quantitative adjective πᾶς(xxiii).

§ 49. a. In *predicate* order the noun is immediately preceded by the article.(xiv.b.)

b. The quantitative adjective πᾶς is used in the predicate order to mean "whole," e.g., πᾶς ὁ νόμος, *the whole law*. Without the article it is used with nouns in the singular to mean "every."(xxxiii)

§ 51. Comparison is expressed in two ways, each involving the comparative degree of an adjective or adverb, one using the genitive case(§ 24), the other employing the particle ἤ.(lii)

§ 52. Κοινή often uses the comparative degree for the superlative. e.g., μικρότερον πάντων τῶν σπερμάτων, *smallest of all the seeds.* (lii)

The Article

See §§ 48-49 for the positions of the article with adjectives.

---

§ 53. a. A common noun without the article is indefinite. (iii.d.)

b. Proper nouns are definite with or without the article(vii). Mark uses the article with Ἰησοῦς, Πέτρος, and Πειλᾶτος. Other names are without the article more often than not.

c. The article was used less in earlier Greek than in later. It developed from a pronoun (footnote, p. 14).

d. Some prepositional phrases survived in Κοινή in their earlier anarthrous form, e.g. ἐν οἴκῳ, *at home* (*in his house*).

§ 54. The article is used with words indicating possession and with demonstrative pronouns. (ix.d, xxx.)

§ 55. A predicate noun does not usually take the article. (vi, footnote.)

PRONOUNS

§ 56. Unemphatic pronominal subjects are usually omitted, and unemphatic pronominal objects are sometimes omitted, e.g., καὶ μὴ δυνάμενοι προσενέγκαι αὐτῷ, ἀπεστέγασαν τὴν στεγήν: *since they were not able to bring* (*him*) *to him, they unroofed the roof.* (ix)

§ 57. Unemphatic possessives are often omitted, emphatic forms are used only when special emphasis is indicated.

e.g., δεξιὰς ἔδωκαν ἐμοί, *they gave me their right hands.*

§ 58. The relative pronoun sometimes functions as an interrogative. (xlv.b.)

§ 59. The third person of the reflexive is regularly substituted for the first and second. (liii.b.)

NEGATIVES

§ 60. Οὐκ is the principle negative. It is sometimes replaced by the more emphatic οὐδέν.

Μὴ is used instead of οὐκ in some indicative constructions; with all subjunctives, optatives, and infinitives; and occasionally with participles.

§ 61. Questions expecting a negative answer are introduced by μή, those expecting an affirmative answer by οὐ.(1)

§ 62. Emphatic future negation is expressed by οὐ μή with the aorist subjunctive or future indicative. (xlix)

VERBS

For the uses of cases with verbs, see §§ 2-34.

VOICE

§ 63. The active voice represents the subject acting; the middle voice represents the subject acting with reference to itself, e.g., διαμερίζονται τὰ ἱμάτια, *they divided the garments,* i.e., *for themselves;* the passive voice represents the subject being acted upon.(xvii)

A further extension of the voice concept may be seen in verbs that represent the subject as causing the object to act or be, e.g., κοινοῖ τὸν ἄνθροπον, *causes the man to be unclean.* English, instead of specifically expressing causation, often substitutes another verb, e.g., *defiles the man.*(xli)

MOODS IN MAIN CLAUSES

§ 64. The indicative is the mood of certainty, the subjunctive of reasonableness or likelihood, the optative of possibility and unreasonableness.(xxxv, lviii.a-c.)

SUBJUNCTIVE

§ 65. The subjunctive supplies the imperative with its first person forms.(xxxv.a.)

§ 66. Prohibition may be expressed either by μή with the imperative, μή with the aorist subjunctive (xxxv.b.), or by οὐ with the future indicative, e.g., Mt. 19.18(§§ 91,92; xl.c.).

§ 67. A question of appeal is in the subjunctive. (xxxvi.b.)

§ 68. The subjunctive is used with ἵνα to express command.(xlviii.b.)

See § 115 for ἵνα + subjunctive = infinitive.

§ 69. See § 62 for the subjunctive in emphatic future negation.

IMPERATIVE

§ 70. Command is usually expressed by the imperative(xl.a.), but may be expressed by the future indicative, e.g., Mk. 12.30, Jn. 1.39, Acts 18.15, and by the infinitive and subjunctive.

See §§ 91 and 92.

OPTATIVE

§ 71. The volative optative is used for prayers, respectful requests and curses.(lviii.b.)

§ 72. The potential optative is used with ἄν to express imaginary conditions.(lviii.c.)

§ 73. Only the indicative expresses absolute time. See §§ 75-81, 94.

MOOD IN SUBORDINATE CLAUSES

See §§ 96-118, for the following uses of the subjunctive:

Purpose, § 99.

Subordinate clauses of warning, § 96.

Whoever, wherever, whenever, however, § 98.

Clauses introduced by ἕως or μέχρι, § 97.

Conditions, §§ 100-106.

For the optative in indirect discourse, see § 109.

Substitute for the infinitive, § 115.

TENSE

§ 74. The basic function of Greek tense stems is the expression of aspect(§§ 82-92). In the indicative the tenses also express time, relative time in subordinate clauses. These mixed functions may be illustrated as follows:

ASPECT	TIME	ENGLISH	GREEK	TENSE
Process	Pres.	*he is dying*	ἀποθνήσκει	Pres.
Process	Past	*he was dying*	ἀπέθνησκε	Impf.
Event	Past	*he died*	ἀπέθανε	Aor.
Event	Fut.	*he will die*	ἀποθανεῖται	Fut.
Completion	Pres.	*he is dead*	τέθνηκε	Perf.
Completion	Past	*he was dead*	ἐτεθνήκει	Plup.
Completion	Fut.	*he will be dead*	τεθνήξει	Fut. Pf.

§ 75. The present is used primarily for action now going on, but is also used for future and past action, e.g., δι᾽ ὀδόντων θηρίων ἀλήθομαι, *I shall be ground by wild animals' teeth;* τὸ πνεῦμα αὐτὸν ἐκβάλλει, *the spirit put him out.*

When used for past action it is called *historical present,* and has the aorist(unspecified) aspect.(x.c.)

§ 76. The imperfect expresses repeated, continued, attempted or habitual action in past time. See § 86.

§ 77. Future action is usually expressed by future indicative or aorist subjunctive, in declarative clauses; tho it is sometimes expressed by the present indicative. (§ 75)

§ 77b. The future is sometimes used as a substitute for the imperative, e.g., Mt. 9.18, Lk. 11.5-7.

§ 78. The aorist indicative expresses action that took place in the past, or that does take place.

The aorist subjunctive generally expresses future action, tho usually in dependent clauses. Future action is implied in commands. See §§ 91-92 for tenses in commands.

§ 79. The perfect indicative expresses action that is now complete.

§ 80. The pluperfect expresses action that *was* complete.

§ 81. The future perfect indicative expresses action that will be complete.

ASPECT

§ 82. Aspect indicates what portion or factor of an activity is uppermost in the speakers mind, i.e., beginning, process, completion, repetition, totality, etc. See further in § 74.

§ 83. Action in progress is expressed by the present, imperfect, and future, in all moods. (vi)

§ 84. The historical present expresses totality (§ 75).

§ 85. The future may express either process or totality (aorist).

§ 86. The chief aspects expressed by the imperfect are as follows:

Continuation (progressive), οἱ δὲ ἀκολουθοῦντες ἐφοβοῦντο, *but those who were following were afraid.*

Repetition, καὶ οὐκ ἤφιεν λαλεῖν τὰ δαιμόνια, *and he did not allow the demons (being put out one after another) to speak.*

Habit, κατὰ δὲ ἑορτὴν ἀπέλυεν αὐτοῖς ἕνα δέσμιον, *on holidays he used to release a prisoner for them.*

Attempt (conative), καὶ ἐκάλουν αὐτὸ ἐπὶ τῷ ὀνόματι

τοῦ πατρός αὐτοῦ Ζαχαρίαν, *and they were proposing to name it Zechariah, after its father.*

§ 87. The aorist, or "unspecified" aspect, as such, simply states the fact that an event took place, or that a situation exists, without directing attention to any particular aspect. Thus it may be called the aspect of totality(viii). However, the aorist form is sometimes used to express inception, i.e., the beginning of an action or state, e.g., ἐπιβαλὼν ἔκλαιεν, *he broke down and cried;* and sometimes to express general truths, e.g., ἐξηράνθη ὁ χόρτος, *the grass withers.*

§ 88. Perfects regard the completion of the action. (xxxix)

§ 89. Some verbs are limited to a certain aspect by their meaning.

§ 90. The subjunctive usually refers to future time, the present subjunctive to future action in progress and the aorist subjunctive to totality of future action.

§ 91. The present imperative commands continuance in future action, or cessation from action in progress. (xl.c.)

§ 92. The aorist imperative commands or forbids inception or totality of future action, § 66.

The rare future imperative also seems to be aoristic.

SUBORDINATE CLAUSES

§ 93. A subordinate clause may be regarded as a sentence that has become so modified as to become part of another sentence, e.g., *he told them to prepare the passover.* The instruction *prepare the passover* has become a subordinate part of a complex sentence. As a subordinate clause it is the direct object of the verb *told.* It therefore functions as a noun.

Subordinate clauses can also function as adjectives and adverbs. In the sentence *this is the man, whom I saw,* the subordinate clause *whom I saw,* qualifies the noun, and is therefore an adjective clause. In the sentence *I came to tell you,* the subordinate clause *to tell you,* qualifies the verb *came,* and so is adverbial.

The usages treated below may be outlined as follows:

I. SUBSTANTATIVE CLAUSES
  1. **Subject**
    Impersonal Verbs, § 95.
    Quasi Conditional, § 98.
  2. **Object**
    Striving, Warning, etc., § 96.
    Quasi Conditional, § 98.
    Indirect Discourse, §§ 107–110.
  3. **Articular Infinitive**, § 114.
  4. **The New Infinitive**, § 115.
  5. **Complimentary Infinitive**, § 116.
II. ADJECTIVE CLAUSES
III. ADVERBIAL CLAUSES
    Temporal, §§ 97–98, 117, 119–122.
    Purpose, §§ 99, 113, 116, 119–120.
    Conditional. §§ 100–106.
    Result, § 112.

§ 94. The time significance of a verbal expression in a subordinate clause is relative to, and dependent on, the time of the verb in the main clause. (xxiv.d-e.)

§ 95. Impersonal Verbs. When an infinitive is the subject of a verb in the third person, the verb is called *impersonal,* e.g., οὐ γάρ ἐστιν καλὸν λαβεῖν τὸν ἄρτον τῶν τέκνων, *for it is not good to take the children's bread.* This is called impersonal because of the English idiom used in translation. (xxxiii.b.) The term is more correctly applied to a verb in the third person with an indefinite subject, e.g., γέγραπται, *it is written.*

INDICATIVE AND SUBJUNCTIVE

§ 96. Object clauses of commanding, allowing, re-
buking, daring, and warning against an action (liii.a)
are introduced by ἵνα, ὅπως, πῶς, μή, ἵνα μή, εἰς, etc.
The verb is in the aorist subjunctive or future indica-
tive.

Such clauses may be in the subjunctive or infinitive
without an introductory particle, e.g., θέλετε ἀπολύσω,
do you want me to release; οὐδεὶς ἐτόλμα ἐπερωτῆσαι,
no one dared to question further.

§ 97. Ἕως and μέχρι, when referring to future time,
take the subjunctive, with or without ἄν, e.g., ἕως
προσεύξωμαι, *while (until) I pray;* ἕως ἂν εἴπω σοι, *un-
til I tell you.*

§ 98. Quasi conditional clauses introduced by such
terms as *whoever, whenever, wherever,* and *however,*
in past action and present truth, are expressed by ὅς,
ὅτε, ὅπου and, ὅπως with the indicative; but in future,
anticipated, and less certain present or future action,
these particles are compounded with ἄν to form ὃς ἄν,
ὅταν, ὅπου ἄν, and ὅπως ἄν. The forms with ἄν usual-
ly take the subjunctive, but in less literary writers
sometimes take the indicative. (xxxviii)

Ἐάν is often substituted for ἄν. (xli.a.)

§ 99. Purpose is expressed by ἵνα or ὅπως, with the
subjunctive (xxxv.c.) ; by the infinitive (xxix, sentence
4 ff.) ; by the articular infinitive in the genitive or ac-
cusative, e.g., τοῦ δοῦναι γνῶσιν, *to give knowledge;*
by the articular infinitive with εἰς; and by εἰς with the
accusative, e.g., ἦλθεν εἰς μαρτυρίαν, *he came to testify.*

See § 115 for the subjunctive with ἵνα as a substi-
tute for the infinitive.

CONDITIONAL SENTENCES

§ 100. Εἰ is used with the indicative and optative, ἐάν with the subjunctive.(xxxvii)

§ 101. Ἐάν with the aorist subjunctive expresses future time in most instances,

§ 102. General truths are expressed with either word. (xxxvii.a.)

In Κοινή εἰ was in process of becoming obsolete, as ἐάν was getting to be the only word for *if*. The process was accompanied by loss of distinction in sound, between εἰ and η, and between o and ω.

§ 103. What was, or has happened is accompanied by εἰ.

§ 104. What the speaker anticipates is, or will be true takes ἐάν.(xxxvii.b.)

§ 105. When the speaker knows the apodosis is not true the protasis takes εἰ, and the apodosis ἄν.(xxxvii.c)

§ 106. An unreal or imaginary condition in present time employs the imperfect(xxxvii.c.) but one in past time takes the aorist, e.g., εἰ ἦς ὧδε οὐκ ἂν ἀπέθανεν, *if you had been here he would not have died*.

An unreal supposition in future time employs the present tense, e.g., ἐπεὶ ἄρα τὰ τέκνα ὑμῶν ἀκάθαρτά ἐστιν, *since your children would then be unclean*.

INDIRECT DISCOURSE

§ 107. Indirect discourse is found in three types of subordinate clauses, viz.,

(a) finite verbs with ὅτι(xxxiii),
(b) infinitives(xxxii),
(c) participles(xxxiv).

§ 108. Greek indirect discourse preserves the tense of the original statement. (xxxiii.a.)

§ 109. The optative could be used instead of the subjunctive in indirect discourse after a past tense. Cf. Acts 17:27.

§ 110. Indirect questions are a form of indirect discourse. (xlv.a.)

THE INFINITIVE

§ 111. See § 95 for infinitive with impersonal verbs.

§ 112. Result clauses are introduced by ὥστε, usually followed by the infinitive, but sometimes by the indicative (xxxi.a), subjunctive, or imperative. The direct physical effect is followed by the infinitive, including both what actually happens and what naturally would happen. The New Testament instances of other moods than the infinitive following ὥστε usually involve an inference or a viewpoint. Ὥστε is sometimes equivalent to ἵνα, e.g., Lk. 20.20.

§ 113. For purpose with the infinitive, see § 99.

§ 114. An articular infinitive is related to the main clause as a noun would be. (xlvii.b.)

§ 115. The infinitive is often replaced by ἵνα with the subjunctive. (xlviii.a-b.)

§ 116. Complimentary infinitives may be either direct or indirect objects of verbs, e.g., ἤρξατο λυπεῖσθαι, *he began to be sad;* ὑπάγω ἁλιεύειν, *I am going fishing,* cf. *I am going home.*

An infinitive that is the object of a verb, can take an object of its own.

§ 117. Πρίν, with or without ἤ, usually takes the infinitive, but may take the subjunctive or optative. (lvii)

§ 118. Infinitives are verbal nouns and take noun

constructions, i.e., may be subjects, objects, indirect objects, or parts of prepositional phrases. They also take subjects and objects themseves.

Infinitives are neuter in gender, and can be used with or without the article.

PARTICIPLES

§ 119. A participle can perform the function of a noun, an adjective, a verb in a subordinate clause, or be a whole subordinate clause by itself.(xxiv.a-b.)

§ 120. The present participle in a subordinate clause denotes action contemporaneous with that of the main verb; the aorist participle denotes action prior to that of the main verb; the future participle denotes action subsequent to that of the main verb, including the expression of purpose, e.g., ἀνέβην προσκυνήσων, *I went up to worship.*(xxiv.d-e)

§ 121. *If, when, because, altho, while, after,* etc., may be expressed by participles alone. Participles with such added meanings are called respectively: conditional, temporal, causal, concessive, etc.

§ 122. The genitive absolute construction of the participle is treated in § 25.

GENERAL VOCABULARY
GREEK--ENGLISH

Gender is indicated by the article when not apparent from the ending.

A

ἀγαθός,ή,όν *good*
ἀγαπάω *love*
ἀγάπη *love*
ἀγαπητός,ή,όν *beloved*
ἀγγαρεύω *force (into one's service), impress*
ἄγγελος *messenger, angel*
ἀγέλη *herd*
ἁγιάζω *sanctify*
ἅγιος,ᾱ,ον *holy*
ἄγναφος,ον *unfulled, unsized*
ἀγνοέω *not know, be ignorant*
ἀγορά *market*
ἀγοράζω, ἀγοράσω *buy*
ἀγρεύω *catch*
ἄγριος,ᾱ,ον *wild*
ἀγρός *field, country estate*
ἀγρυπνέω *be awake, be watchful*
ἄγω, ἄξω, ἤγαγον *lead, go, bring*
ἀδελφή *sister*
ἀδελφός *brother*

ἄδικος,όν *unjust*
ἄζυμος,ον *unleavened*
ἀθανασία *immortality*
ἀθάνατος,ον *immortal*
ἀθλέω *contest*
ἀθῷος,ον *innocent*
αἰκία *torture*
αἷμα *blood*
αἴρω *raise, take away, carry*
αἰτέω (τινά τι) *ask for*
αἰτία *cause, accusation, blame*
αἰών,-ῶνος, ὁ, *eternity*
αἰώνιος,ον *eternal*
ἀκάθαρτος,ον *dirty, foul*
ἄκανθα *thorn bush*
ἀκάνθινος, ον *made of thorns*
ἀκολουθέω (τινί) *follow*
ἀκούω, ἤκουσα *listen, hear*
ἀκρίς,-ίδος *grasshopper*
ἀλάβαστρος, ἡ, *alabaster bottle*
ἀλαλάζω *wail*
ἄλαλος,ον *dumb*

ἀλείφω _anoint_

ἀλεκτοροφωνία _crowing of a rooster_

ἀλέκτωρ,-ορος _rooster_

ἀλήθεια _truth_

ἀληθής,ες _true_

ἀληθινός,ή,όν _true, real, pure_

ἀλήθομαι _be ground_

ἁλιεύς _fisher_

ἀλλά _but, yet_

ἀλλαχοῦ _elsewhere_

ἀλλήλων _of one another_

ἄλλοθεν _from somewhere else_

ἄλλος,η,ο _another, other_

ἅλς, ἁλός, ὁ, _salt_

ἅλυσις,-εως _chain_

ἅλων,ωνος _threshing floor_

ἁμάρτημα _a sin_

ἁμαρτία _sin_

ἁμαρτωλός _sinful, irreligious_

ἄμεμπτος,ον _blameless_

ἀμήν, Heb., _amen_, often used in solemn asservation with λέγω.

ἄμπελος, ἡ, _grapevine_

ἀμπελών,-ῶνος, ὁ, _vineyard_

ἀμφιβάλλω _fish (with a net)_

ἀμφιβολία _quarrel_

ἀμφότεροι,αι,α _both, all_

ἄμωμον _a spice_

ἄν, a particle expressing contingency, _might, could, would, -ever_

ἀναβαίνω _go up_

ἀναβλέπω _look up, recover sight_

ἀναγινώσκω _read_

ἀνάγκη _necessity, distress_

ἀνάκειμαι _recline_

ἀνακράζω _shout_

ἀνακρίνω _examine_

ἀνακυλίω _roll back_

ἀναπαύω _give rest;_ mid. voice, _rest_

ἀνάστασις,-εως _resurrection_

ἀνατολή _east_

ἀναχωρέω _retire, retreat_

ἄνεμος _wind_

ἀνήρ, ἀνδρός (vir), _man, husband_

ἄνθρωπος _man (homo)_

ἀνιστάνω _rise up_

ἀνίστημι _raise;_ 2 aor., _rise_

ἄνοια _senselessness_

ἀνοίγω _open_

ἀντάλλαγμα _exchange_

ἄξιος,α,ον _worthy_

ἀόρατος,ον _invisible_

ἀπάγω _lead away_

ἀπαίρω *take away*

ἀπαιτέω *ask to have returned*

ἀπαλλάσσω *release*

ἀπαρνέομαι *deny*

ἀπαρχή *first produce, first fruits*

ἅπας,-ασα,-αν *whole, all*

ἀπέρχομαι *come, go away*

ἀπέχω *be sufficient, be distant, have received, time is up*

ἀπῄεσαν *went off to,* from ἄπειμι

ἀπιστία *unbelief*

ἄπιστος,ον *unbelieving*

ἀπό(τινος) *from, away from*

ἀποδίδωμι *pay*

ἀποθνήσκω, ἀποθανοῦμαι, ἀπέθανον *die*

ἀποκεφαλίζω *behead*

ἀποκρίνομαι *answer*

ἀποκτείνω *kill*

ἀποκυλίω *roll away*

ἀπόλαυσις,εως *enjoyment*

ἀπολλύω, ἀπολέσω, *destroy*

ἀπολύω *dismiss, divorce*

ἀποστάσιον *divorce*

ἀποστεγάζω *unroof*

ἀποστέλλω *send away*

ἀποστερέω *cheat*

ἀπόστολος *missionary*

ἅπτω, act., *light, kindle;* mid., w.gen., *touch* (aor. mid., ἡψάμην)

ἀπώλεια *waste*

ἄρα *then, therefore*

ἀργός,ή,όν *idle*

ἀργύριον *silver, piece of silver*

ἄργυρος *silver*

ἀρέσκω, ἤρεσα, (τινί) *please*

ἀριστερός,ά,όν *left*

ἆρον, see αἴρω.

ἄρρωστος,όν *sick*

ἄρσην,-εν *male*

ἄρτος *bread,* pl. *loaves*

ἀρχαῖος,α,ον *ancient*

ἀρχή *beginning*

ἀρχιερεύς *high priest*

ἀρχισυνάγωγος *synagog leader*

ἄρχω *rule;* ἄρχομαι, ἠρξάμην *begin*

ἄρχων,-οντος *ruler*

ἄρωμα *spice*

ἀσεβής,ές *impious, irreligious*

ἀσθενέω *be weak, be sick*

ἀσθενής,-ές *weak, sick*

ἀσκός *wine skin*
ἀσπάζομαι *greet, salute*
ἀσπασμός *greeting, salutation*
ἀστήρ,-έρος *star*
ἀσφαλῶς *safely, surely*
ἀτιμία *dishonor*
ἄτιμος,ον *without honor*
αὐλή *courtyard*
αὐλίζομαι *spend the night*
αὐξάνω *grow, increase*
αὐτός,ή,ό *he, she, it, self, same*
ἄφεσις,-εως *forgiveness*
ἀφίημι(ἀφίω) *let, remit, leave, forgive*
ἀφιλάργυρος,ον *not avaricious*

B

βαίνω *go*
βάλλω, βέβλημαι, ἐβλήθην *put, sow, throw*
βαπτίζω *baptize*
βάπτισμα *baptism*
βαπτιστής *baptist*
βασανίζω *torture*
βάσανος *torture*
βασιλεία *kingdom*
βασιλεύς *king*
βαστάζω *bear*
βιβλίον *book, document*
βλαστάω *sprout*

βλασφημέω *blaspheme*
βλασφημία *blasphemy*
βλέπω *see*
βοάω *shout*
βοήθεια *help*
βοηθέω *help*
βόσκω *tend, feed, eat*
βούλομαι *wish*
βοῦς,βοός, ὁ,ἡ *ox, cow*
βραβεῖον *prize*
βρῶσις,εως *food*
βύσσινος,η,ον *of fine linen*

Γ

γαζοφυλάκιον *treasury*
γαμέω *marry*
γάρ. postpositive, *for*
γεμίζω *fill*
γενεά *generation*
γενέσια, τὰ, *birthday party*
γένημα *fruit, produce*
γενναῖος,α,ον *noble*
γεννάω *beget, bring forth*
γέννημα *offspring, product*
γεύομαι,(τινός), *taste*
γεωργός *tenant(farmer)*
γῆ *earth, land, ground*
γίνομαι, ἐγενόμην, γέγονα *become, happen, be*
γινώσκω, ἔγνων *know, be acquainted*
γλῶσσα *tongue, language*
γνωρίζω *make known*

γνῶσις,εως *knowledge*

γόμος *freight*

γόνυ, γόνατος, τό, *knee*

γράμμα *letter*

γραμματεύς *scholar, clerk, teacher*

γραφή *scripture*

γράφω *write*

γρηγορέω *be awake, be wide awake*

γυνή, γυναικός *woman, wife*

Δ

δαιμονίζομαι *be possessed by a demon*

δαιμόνιον *evil spirit*

δακρύω *cry, weep*

δαμάζω *tame, subdue*

δαπανάω *spend*

δέ *and, but*

δεῖ *it is necessary, it is fitting*

δείκνυμι, ἔδειξα *show*

δειλός,ή,όν *cowardly*

δεῖπνον *dinner (the main meal)*

δέκα *ten*

δεξιός,ά,όν *right*

δερμάτινος,η,ον *made of hide*

δέσμιος *prisoner*

δεσμός, pl., δεσμοί and δεσμά *chain, bonds*

δεσπότης,ου *lord*

δεῦτε *come*

δευτέρα *Monday*

δεύτερος, ᾱ, ον *second;* ἐκ δευτέρου *the second time*

δέχομαι *accept, welcome*

δέω, ἔδησα *bind*

δή *indeed*

δηνάριον *denarius (about forty cents)*

διά, see table, Lesson x.

διαθήκη *agreement, will*

διακονέω (τινί) *serve*

διάκονος *servant*

διακόσιοι,αι,α *two hundred*

διακρίνω *discriminate, criticize*

διαλαλέω *talk over*

διαλλάσσομαι *be reconciled*

διαλογίζομαι *argue, consider*

διαλογισμός *argument*

διαμερίζω *divide into parts*

διάνοια *understanding, mind*

διαπεράω *cross over*

διαπορέω *be at a loss*

διαρπάζω *plunder*

διασκορπίζω *scatter*

διασπάω *break apart*

διαστέλλομαι *commission, order*

διαταράσσω *greatly disturb*

διαφέρω **carry thru, differ, excel**

διαφημίζω *disseminate*

διαφορά *difference*

διδάσκαλος **teacher**

διδάσκω *teach*

διδαχή *teaching*

δίδωμι(δίδω), δώσω, ἔδωκα, δέδωκα, ἐδόθην(see pp. 174 ff.) *give*

διέρχομαι **go thru**

διηγέομαι *tell*

δίκαιος.ᾱ.ον *upright*

δικαιοσύνη *uprightness*

δικαίωμα *ordinance*

δίκη *punishment*

δίκτυον *net*

δίς *twice*

δισχίλιοι, αι, α *two thousand*

διώκω **chase, persecute**

δόγμα *command*

δοκέω *seem, seem good, think*

δοκιμάζω *test*

δόλος *deceit, treachery*

δόξα *glory*

δοξάζω *glorify*

δοῦλος *slave*

δοχή *reception*

δραχμή *drachma*

δύναμαι, ἐδυνάμην (ἠδυνά-μην. athematic. *be able, can*

δύναμις,εως *power, miracle*

δυνατός, ή. όν *possible, powerful*

δύνω(δύω) *sink*

δύο *two*

δύσις,εως *west*

δύσκολος.η.ον *difficult*

δώδεκα *twelve*

δῶρον *gift*

E

ἐάν *if*

ἑαυτοῦ *of himself*

Ἑβραϊστί *in Hebrew, i.e., Aramaic*

ἐγγίζω *approach*

ἐγγύς(τινος) *near*

ἐγείρω *raise, rise*

ἐγώ,ἐμοῦ *I, my*

ἐδυνάμην, see δύναμαι.

ἔθνος,τὸ, **nation, heathen**

εἰ *if, whether*

εἶδον, see ὁράω.

εἰδῶ, see οἶδα.

εἰδωλόθυτος,ον *idol sacri-
  fice*
εἴκοσι, see numerals
εἰκών,όνος,ἡ *picture*
εἰλικρινής,-ές *sincere*
εἰ μή *unless, except*
εἰμί *I am*
εἶναι *to be*
εἶπον, see λέγω.
εἰρηνεύω *be peaceful*
εἰρήνη *peace*
εἰς *to, for, into, against,
  in*
εἷς, μία, ἕν *one*
εἰσέρχομαι, εἰσῆλθον, etc.,
  come in
εἰσπορεύομαι *go in*
εἰσφέρω *lead into*
εἴτε...εἴτε *whether...or*
εἶχον, see ἔχω.
ἐκ, ἐξ *from, out of, at, in*
ἑκατόν *one hundred*
ἐκβάλλω *put out*
ἐκδύω(τινά τι)*take off*
ἐκεῖ *there, i.e., in that place*
ἐκεῖθεν *from there*
ἐκεῖνος,η,ον *that(one)*
ἐκκλησία *church*
ἐκλεκτός,ή,όν *chosen*
ἐκλογή *selection*
ἐκλύω *give out, be exhaus-
  ted*

ἐκπέμπω *send out*
ἐκπλήσσομαι *be amazed*
ἐκπορεύομαι *go out*
ἔκστασις, -εως *bewilder-
  ment*
ἕκτος,η,ον *sixth*
ἔκφοβος,ον *badly scared*
ἐκχέω(ἐκχύννω) *pour out*
ἐλαία *olive tree*
ἔλαιον *olive oil*
ἐλέγχω *reprove*
ἐλεέω *pity, have mercy on*
ἐλεημοσύνη *alms*
ἐλεύθερος,ᾱ,ον *free*
ἐλεύσομαι, see ἔρχομαι
ἐλεφάντινος,η,ον *ivory*
Ἑλλάς,-άδος, ἡ, *Greece*
Ἕλλην,-νος *a Greek*
Ἑλληνιστί *in Greek*
ἐμαυτοῦ *of myself*
ἐμβαίνω *go in*
ἐμβάς, aor.ptc. of ἐμβαίνω
ἐμνήσθην, see under μιμ-
  νήσκομαι
ἐμός,ή,όν *my*
ἐμπαίζω, ἐνέπαιξα, (τινί)
  make fun of
ἐμπίμπλημι *fill, fulfill*
ἔμπορος *merchant*
ἔμπροσθεν *in front of*
ἐμπτύω *spit on*

ἐν *in, among, by, while, with, according to*

ἐναγκαλίζομαι *take in one's arms*

ἐναντίον(τινός) *opposite*

ἔνατος,η,ον *ninth*

ἐνδιδύσκω (τινά τι) *put clothes on*

ἐνδύω(τινά τι) *put on*

ἕνεκεν(τινός) *on account of*

ἔνι *there is, there can be*

ἔνοχος, ον *liable for a penalty, guilty of*

ἐντολή *commandment*

ἐξ, see ἐκ.

ἕξ *six*

ἐξάγω *lead out*

ἐξαίφνης *suddenly*

ἐξαυτῆς *immediately*

ἐξέρχομαι *come out*

ἔξεστι *it is allowed*

ἐξετάζω *examine*

ἐξέφνης, see ἐξαίφνης

ἐξηγέομαι *tell, explain*

ἐξήκοντα *sixty*

ἐξίστημι *astonish, be out of one's mind*

ἐξομολογέω *agree, confess*

ἐξουσία *authority*

ἔξω *outside*

ἔξωθεν *from outside*

ἑορτή *holy day, holiday*

ἐπαγγέλλω *promise*

ἐπαισχύνομαι *be ashamed*

ἐπάνω *above*

ἐπαύριον *tomorrow*

ἐπέθηκεν, see ἐπιτίθημι.

ἐπεί *since, because*

ἔπειτα *then, afterwards*

ἐπερωτάω *ask(a question)*

ἐπί *on, against, along, at, in the time of*

ἐπιβάλλω *put on, dash over*

ἐπίβλημα *patch*

ἐπιγινώσκω *find out, recognize, realize*

ἐπιγραφή *inscription*

ἐπιγράφω *write on, inscribe*

ἐπιθυμία *desire*

ἐπιθῶ, see ἐπιτίθημι

ἐπιμένω *wait, persist in*

ἐπιούσιος,ον *daily(?)*

ἐπιπίπτω *push against*

ἐπιράπτω *sew on*

ἐπίσκοπος *bishop, overseer*

ἐπιστολή *letter*

ἐπιστρέφω *turn*

ἐπιτάσσω(τινί) *command*

ἐπιτιμάω (τινί) *rebuke warn*

ἐπιτρέπω (τινί) *allow*

ἑπτά *seven*

ἐργάζομαι *work*

ἐργάτης *workman*

ἐρέω, see λέγω

ἔρημος, ἡ, *desert*

ἔρημος,η,ον *desert*

ἔρις,ιδος *strife*

ἔρχομαι, ἐλεύσομαι, ἦλθον, ἐλήλυθα *come, go*

ἐρωτάω *ask*

ἐσθίω,φάγομαι,ἔφαγον *eat*

ἔσθω *eat*

ἔσχατος,η,ον *last*

ἔσω *inside*

ἔσωθεν *from inside*

ἕταιρος *neighbor*

ἕτερος,α,ον *other*

ἔτι *still, yet, besides, again*

ἑτοιμάζω,ἑτοιμάσω *prepare*

ἔτος, τὸ, *year*

εὖ *well*

εὐαγγελίζω *tell good news*

εὐαγγέλιον *good news*

εὐγενής,-ές *well-mannered, noble*

εὐδοκέω *be well pleased*

εὐθέως = εὐθύς

εὐθύς *immediately*

εὐθύς,εῖα,ύ *straight*

εὔκαιρος, ον *opportune, free*

εὐκαίρως *conveniently*

εὔκοπος,ον *easy*

εὐλογέω *bless*

εὑρίσκω, εὑρήσω, εὗρον ηὗρον *find*

εὐχαριστία *thanksgiving, eucharist*

εὐχαριστῶ *thank,be thankful*

εὔχομαι *pray*

εὐώνυμος,ον *left*

ἐφφαθά, Aram., *be opened*

ἐχάρην, see χαίρω

ἐχθρός *enemy*

ἔχω(impf. εἶχον),ἔξω, ἔσχον. trans., *have*; intr., *be*

ἕως(τινός) *until*

Z

ζάω,ζήσω *live*

ζῆλος, ὁ and τό *jealousy*

ζητέω *look for*

ζυγός *yoke*

ζωή *life*

ζώνη *belt*

H

ἤ *or, than;* ἤ...ἤ *either...or*

ἡγούμενος *ruler*

ᾔδειν, see οἶδα

ἤδη *already*

ἠδυνήθην, ἠδυνάμην, see δύναμαι

ἤθελον, imperf. of θέλω.

ἦλθον, see ἔρχομαι

ἥλιος *sun*

ἡμέρα *day*

ἡμέτερος, ᾱ, ον *our* (when possessor is plural)

ἠψάμην, see ἅπτομαι

Θ

θάλασσα *sea, lake*

θάνατος *death*

θαυμάζω, θαυμάσομαι *be surprised, wonder*

θαυμαστός,ή,όν *marvelous*

θεῖος,ᾱ,ον *divine, uncle*

θέλημα *desire, wish*

θέλω *want, be willing*

θεός *God*

θεραπεύω *cure*

θερμαίνομαι *warm oneself*

θερμός,ή,όν *warm*

θεωρέω *look at*

θῆλυς, εἶα, υ *female*

θηρίον *wild animal*

θλίβω *crush*

θορυβέω *make a disturbance*

θόρυβος *disturbance, uproar*

θρίξ,τριχός, ἡ, *hair*

θυγάτηρ,-τρός *daughter*

θύϊνος,η,ον *of the sandarac tree*

θυμίαμα *incense*

θύρα *door*

θυσία *sacrifice*

Ι

ἰάομαι, pf.pass., ἴαμαι, *heal*

ἰατρός *physician*

ἴδιος,ᾱ,ον *one's own;* κατ᾽ ἰδίαν *in private*

ἰδού *look!*

ἱδρόω *sweat*

ἱερεύς *priest*

ἱερόν *temple*

ἱκανός, ή, όν *enough, considerable, able, satisfactory, worthy*

ἱμάς,-άντος,ὁ, *strap*

ἱμάτιον (outer)*garment*

ἱματισμός *clothing*

ἵνα *to, that, so(in order that), why?*

Ἰουδαῖος *Jew*

ἵππος *horse*

ἱστάνω, ἔστησα, ἐστάθην σταθήσομαι *stand*(tr.)

ἵστημι, see ἱστάνω and στήκω

ἰσχυρός,ά,όν *strong*

ἰσχύς,ος,ἡ *strength*

ἰσχύω *be strong*

ἰχθύδιον (little)*fish*

ἰχθύς,ἰχθύος, ὁ, *fish*

Κ

καθαρίζω *cleanse*

καθαρός,ά,όν *pure*

καθεύδω *sleep*
κάθημαι *sit, settle*
καθίζω *seat, sit*
καθώς *just as*
καί *and, also, even*; καὶ...
..καὶ, *both.....and*
καινός,ή,όν *new*
καιρός *time, season* (usually definite)
καῖσαρ,-αρος *emperor*
κακολογέω *slander*
κακός,ή,όν *bad*
κακῶς *evilly, 'poorly'*
κάλαμος *reed*
καλέω,ἐκάλεσα *call*
καλός,ή,όν *good*
καλῶς *well*
κάμηλος *camel*
καρδία *heart*
καρπός *fruit, crop*
καρποφορέω *produce*
κατά, see table Lesson x, and Idioms, p. 130.
  κατ᾽ ἐξουσίαν *authoritatively*
  καθ᾽ ἡμέραν, *every day;*
  κατ᾽ ἰδίαν, *in private*
καταβαίνω *come down*
καταβαρύνω *be heavy*
καταγελάω (τινός) *ridicule*
καταδιώκω *hunt up, hunt down, persecute*

κατάκειμαι *be sick in bed, recline* (*at table*)
κατακλείω *shut up*
κατακρίνω *condemn*
καταλύω *destroy*
καταράομαι *curse*
καταρτίζω *fix*
κατασκευάζω *get ready, build*
κατασκηνόω *live, cause to live*
καταφιλέω *kiss affectionately*
καταχέω (τινός τι) *pour on*
κατείδωλος,ον *extremely idolatrous*
κατεσθίω, κατέφαγον *devour*
κατευλογέω *bless affectionately*
κατηγορέω (τινός) *accuse*
κατοίκησις,-εως *home*
καύχησις,εως *boast*
κέδρινος,η,ον *of cedar*
κελεύω *command*
κεντουρίων,ωνος *captain*
κεράμιον *jar*
κεφαλή *head*
κήρυξ *preacher*
κηρύσσω,ἐκήρυξα *preach, proclaim*

κινδυνεύω *be in danger*
κιννάμωμον *cinnamon*
κλάδος *branch*
κλαίω *cry(weep)*
κλάσμα *piece, breaking*
κλάω *break*
κλέος, τὸ *fame*
κλέπτω *steal*
κληρονομέω *inherit*
κληρονομία *inheritance*
κληρονόμος *heir*
κλῆρος *lot*
κλίνη *bed*
κοδράντης *quadrans, cent*
κοινόω *pollute, defile, profane*
κόκκινος,η,ον *crimson*
κόκκος *a seed*
κοράσιον *little girl, girl*
κοσμικός,ή,όν *worldly*
κόσμος *world*
κόφινος *basket*
κράβατος *mat, mattress, bed*
κράζω, ἔκραξα κέκραξα, *exclaim, shreik*
κρανίον *skull*
κράσπεδον *fringe, edge*
κρατέω *catch, hold*
κρημνός *cliff*
κρίνω *judge*
κρίσις,-εως *judgment*

κτῆμα *possession, acquisition*
κτῆνος, τὸ, *beast of burden*
κτίζω *create*
κῦμα *wave*
κυνάριον *dog*
κύπτω,ἔκυψα *stoop*
Κυριακή *Lord's Day*
κύριος *Lord, sir*
κύων,κυνός *dog*
κωλύω *prevent, hinder*
κώμη *village*
κωμόπολις,-εως *city with village status*
κωφός,ή,όν *deaf, dumb*

Λ

λαλέω *talk, speak*
λαμβάνω, λήψομαι, ἔλαβον, εἴληφα,εἴλημμαι,ἐλήφθην *receive, take, get*
λαός *a people, crowd*
λατομέω *cut(stone)*
λατρεία *worship*
λάχανον *vegetable*
λέγω, εἶπον, w. ind. obj., *say, tell;* w. dir., *mean, call*
λειτουργέω *perform*
λειτουργία *service*
λέπρα *leprosy*
λεπρός *leper*

λεπτόν *about one mill*
λευκός,ή,όν *white*
ληνός *winepress*
λῃστής *bandit*
λίαν *entirely, very*
λίβανος *frankincense*
λιθάζω *stone*
λίθος *stone*
λόγος *speech,reason,word*
λοιπόν *well!*
λυπέω *make sad, be sad*
λύχνος *lamp*
λύω *loosen, free, destroy*

M

μαθητής, ὁ, *disciple, pupil*
μακάριος,ᾱ,ον *happy, bles-sed*
μακρόθεν *from far away*
μᾶλλον *more, rather*
μαραὰ ἀθά, *Aram., our Lord is coming*
μαργαρίτης *pearl*
μάρμαρος *marble*
μαρτυρέω *testify*
μαρτυρία *testimony*
μαρτύριον *evidence*
μάστιξ, -ιγος, ἡ *scourge, lash, affliction*
μάχαιρα *sword*
μέγας,μεγάλη,μέγα *big*

μεγιστάν,-ᾶνος *prominent man*
μεθερμηνεύω *translate*
μέλας,μέλαινα,μέλαν *black*
μέλει *it is a concern*
μέλι,-ιτος, τὸ, *honey*
μέν, an untranslatable particle, often pointing a contrast indicated by a δέ in the following clause.
μένω *stay, wait, remain*
μερίζω *divide*
μέρος,τὸ, *part*
μεσονύκτιον *midnight*
μετά, *see table, Lesson x.*
μετανοέω *change one's mind*
μετάνοια *change of mind*
μεταξύ(τινῶν) *between*
μετέχω *share*
μετρέω *measure*
μέτρον *measure*
μέχρι(ς)(τινός) *until*
μή *not, lest*
μήγε, *see Idioms.*
μηδέ *nor, neither, not even*
μηδείς, μηδεμία, μηδέν *no one, nothing*
μηκέτι *no longer*
μηκύνω *lengthen*

μήποτε *lest, whether, perhaps*

μήτηρ,μητρός *mother*

μήτι *can it be that?*

μία, *see* εἷς

μικρός,ά,όν *little*

μίλιον *mile*

μιμνήσκομαι *remember*

μισέω *hate*

μισθός *wages*

μισθωτός *hired man*

μνῆμα *tomb, monument*

μνημεῖον *tomb, monument*

μνημονεύω *remember*

μοιχεύω *commit adultery*

μόλις *barely*

μόνον *only*

μόνος,η,ον *single, alone only*

μύρον *perfume*

μυστήριον *mystery*

μωρία *foolishness*

N

ναί *yes*

ναός *temple*

νάρδος, ἡ, *spikenard*

νεανίσκος *young man*

νεκρός,ά,όν *dead*

νέος,α,ον *new, young*

νηστεία *fast*

νηστεύω *fast*

νικάω *conquer*

νίπτω,ἔνιψα *wash*

νομίζω *think*

νόσος, ἡ, *disease*

νυμφίος *groom*

νυμφών,-ῶνος *bridal chamber*

νῦν *now*

νύξ,νυκτός,ἡ, *night*

Ξ

ξηραίνω *wither, dry up faint*

ξύλον *wood, piece of wood, club, staff, tree*

O

ὁ,ἡ,τό *the*

ὅδε, ἥδε, τόδε *this, the following*

ὁδεύω *travel*

ὁδός,ἡ, *road, street, way*

ὀδούς,ὀδόντος, ὁ, *tooth*

οἶδα *I know, ἤδειν I knew*

οἰκία *house*

οἰκοδομέω *build (a house)*

οἶκος *house, home*

οἶνος *wine*

ὀλίγος,η,ον *a little, a few*

ὅλος,η,ον *all, whole*

ὀμνύω *swear*

ὁμοιόω *compare*

ὁμοίως *in the same way*

ὁμολογέω *acknowledge, confess*

ὀνειδίζω *blame, insult*

ὀνίνημι *profit*

ὄνομα *name*

ὀνομάζω *name*

ὄπισθεν *behind*

ὀπίσω(τινός) *behind*

ὁποῖος,ᾱ,ον *the kind that*

ὅπου *where, wherever*

ὅπως *in order that, that*

ὁρατός,ή,όν *visible*

ὁράω(βλέπω), ὄψομαι, εἶδον,
  ἑώρακα, ὤφθην *see*

ὀρθοποδέω *walk straight*

ὀρθῶς *plainly, correctly*

ὁρίζω *order*

ὅριον *boundary,* pl. *terri-
  tory*

ὁρκίζω *adjure*

ὁρμάω *rush*

ὄρος,τό, *mountain, hill*

ὀρχέομαι *dance*

ὅς,ἥ,ὅ *who, which, that,
  what*

ὁσίως *devoutly*

ὅσος,η,ον *as big as, as
  many as, as much as*

ὅστις,ἥτις,ὅτι *the one who,
  the one which, why?*

ὀσφύς,-ύος, ἡ *waist*

ὅταν *when, whenever*

ὅτε *when*

ὅτι *because, that, why?*

ὅτι *a sign of quotation*

οὐ *see* οὐκ

οὗ *where*

οὐαί *woe!*

οὐδέ *neither, nor, not even*

οὐδείς, οὐδεμία, οὐδέν *no
  one, nothing, not*

οὐδέποτε *never*

οὐκ,οὐχ,οὐ *not*

οὐκέτι *no longer*

οὖν *so, therefore, then*

οὔπω *not yet*

οὐρανός *sky, heaven*

οὖς, ὠτός, τό, *ear*

οὗτος,αὕτη,τοῦτο *this(one)*

οὕτω(ς) *thus*

οὐχί *not*

ὀφειλέτης *debtor*

ὀφειλή *debt*

ὀφείλημα *debt*

ὀφείλω *owe, be due*

ὀφθαλμός *eye*

ὄχλος *crowd*

ὀψέ *late, in the evening*

ὀψία *early evening(after
  sundown)*

Π

παιδίον *child*

παῖς,παιδός,ὁ, *child, son
  boy, slave*

παλαιός,ά,όν *old*

πάλιν *again*

πάλιν *again*

πανταχοῦ *everywhere*

πάντοθεν *from every-where*

παντοκράτωρ *ruler of the universe*

πάντοτε *always*

παράγω, trans. *lead by, lead in*; intrans., *pass*

παρά *from, for, along, to*

παραβολή *comparison*

παραγγέλλω(τινί) *command*

παραγίνομαι *arrive*

παράγω, trans., *lead in, lead by;* intrans., *pass by, pass away*

παραδέχομαι *welcome*

παραδίδωμι *hand over, betray, hand down*

παράδοσις,εως *tradition*

παραιτέομαι *ask for*

παρακαλέω *beseech, exhort*

παρακούω *listen carelessly, pretend not to hear*

παραλαμβάνω *take along*

παραλυτικός *paralytic*

παραπορεύομαι *go past*

παράπτωμα *transgression*

παρασκευή *Friday (preparation day)*

παρατηρέω *watch*

πάρειμι *be present*

παρεκτός (τινός) *except, apart from*

παρέρχομαι *pass by, pass away*

παρίστημι(τινί) *stand near*

παρόδιος *traveler*

πᾶς,πᾶσα,πᾶν *all, every, whole, any*

πάσχα, τὸ, indecl., *Passover*

πάσχω,ἔπαθον *suffer*

πατέω *tread, trample on*

πατήρ,-τρός *father*

πατρίς,-ίδος *home town*

πέδη *fetter*

πεινάω *be hungry*

πειράζω *test, tempt*

πειρασμός *test, temptation*

πέμπτη *Thursday*

πέμπω *send*

πενθερά *mother-in-law*

πενθέω *mourn*

πεντακισχίλιοι, αι, α *five thousand*

πέντε *five*

πεντήκοντα *fifty*

πέραν(τινός) *beyond*

πέρας,ατος, τὸ, *end, extremity*

περί,see table, Lesson, x.

περιβλέπομαι look around, survey

περιέρχομαι go around

περιπατέω walk

περιστερά pigeon

περιτίθημι (τινί τι) put on, put around

περιτρέχω,περιέδραμον run around

περιφέρω carry around

πετεινόν bird

πέτρα rock

πετρώδης,-ες rocky

πηγή fountain, spring, source

πήρα bag (carried by beggars)

πίμπλημι (πλήθω) fill

πινακίδιον tablet

πίναξ,ακος,ὁ, platter, table

πίνω,πίομαι,ἔπιον drink

πιπράσκω,ἐπράθην sell

πίπτω,ἔπεσον fall

πιστεύω believe

πιστικός, ή, όν genuine, pure, pistachio (?)

πίστις,εως faith

πλανάω cause to err

πλάνος deceiver

πλείων, comparative of πολύς.

πλέκω weave

πλεονάζω abound, increase

πλῆθος, τὸ crowd

πλήθω, see πίμπλημι.

πλήν (τινος) except

πλήρης,-ες full

πλήρωμα fullness, completion

πλησίον,ὁ, neighbor

πλοιάριον boat

πλοῖον boat

πλούσιος,ᾱ,ον rich

πνεῦμα spirit

πνευματικός,ή,όν spiritual

πνίγω choke, drown

πόθεν where from

ποιέω do, make, appoint

ποιητής maker, creator

ποικίλος,η,ον assorted

ποῖος,α,ον what?, what kind of?

πόλις,εως city

πολιτεύομαι live

πολλάκις often

πολύς, πολλή, πολύ much, many

πολυτελής,-ές expensive, precious

πονηρός,ή,όν wicked, evil

πόνος suffering

πορεύομαι proceed, depart

πορθέω ravage, destroy

πορφύρα red cloak, scarlet

πόσος, η, ον   *how much?*
how large? how many?

ποταμός *river*

ποταπός,ή,όν   *what! what
a big!*

πότε *when?*

ποτέ *sometime, once*

ποτήριον *wine cup*

ποτόν *drink*

ποῦ *where*

πούς,ποδός *foot*

πραιτώριον *pretorium*

πράσσω *do*

πραΰς,πραεῖα,πραΰ *humble*

πρίν *before*

πρό(τινος) *before*

προάγω *go before*

πρόβατον *sheep*

προεξομολογέω *confess be-
forehand*

πρόθεσις *offering*

προθυμία   *eagerness, will-
ingness*

πρόθυμος,ον *willing, ready*

προλέγω *say beforehand*

προμεριμνάω   *be anxious
beforehand*

προνηστεύω   *fast before-
hand*

προνοέω *provide*

πρός *to, toward, in the
presence of*

προσάββατον *the day be-
fore Sabbath*

προσενέγκαι, see προσφέρω

προσέρχομαι(τινί) *approach*

προσευχή *prayer*

προσεύχομαι *pray*

προσέχω *be careful, pay
attention, beware*

πρόσκαιρος,ον *temporary*

προσκαλέομαι *summon*

προσκαρτερέω *be at hand*

προσκεφάλαιον *c u s h i o n,
pillow*

προσκυλίω *roll up to*

προσκυνέω(τινί)   *bow
before, worship*

προσπίπτω   *fall on, fall
beside*

προσπορεύομαι *approach*

προστάσσω   *direct, com-
mand*

προστίθημι *add*

προσφέρω *bring to, offer*

πρόσωπον *face, person*

προφητεύω   *prophesy de-
clare*

προφήτης *prophet*

πρύμνα *stern*

πρωΐ *early in the morning*

πρῶτος,η,ον *first*

πτύω *spit*

πτῶμα *corpse*

πτωχός,ή,όν *poor*
πυρέσσω *have fever*
πῶλος *colt, horse*
πῶς *how, that*

Ρ

ῥάβδος, ἡ, *walking stick*
ῥάκος,τὸ, *piece of cloth, rag*
ῥάπισμα *slap*
ῥέδη *carriage*
ῥῆμα *word*
ῥίζα *root*
ῥύομαι *rescue*
ῥύσις,-εως *flowing*
Ῥωμαϊστί *in Latin*

Σ

σάββατον *Sabbath* (*Saturday*), dat. pl. irregular
σανδάλιον *sandal*
σαρκικός,ή,όν *carnal*
σάρξ,σαρκός,ἡ *flesh*
σεαυτοῦ *of yourself*
σελήνη *moon*
σεμίδαλις,-εως *fine wheat meal*
σημεῖον *sign*
σήμερον *today*
σιαγών,ῶνος *jaw, cheek*
σίδηρος *iron*
σινάπι,εως, τὸ, *mustard*
σιρικός(σηρικός) *silk*
σιτία *dough*

σῖτος *wheat*
σκανδαλίζω *cause to sin;* pass., *be offended at*
σκεῦος,τὸ, *utensil, property*
σκηνή *tent*
σκιά *shadow*
σκότος, τὸ, *darkness*
σός,ή,όν, *your* (when possessor is singular)
σοφία *wisdom*
σπαράσσω *throw on the ground*
σπείρω *sow*
σπέρμα *seed, posterity*
σπεύδω *hurry, be diligent*
σπήλαιον *cave*
σπόρος *seed*
σπουδή *haste, diligence*
στασιαστής *insurrectionist*
στάσις,εως *insurrection, riot*
σταυρός *cross*
σταυρόω *crucify*
στέγη *roof*
στενάζω,ἐστέναξα *groan*
στέφανος *wreath*
στήκω, ἔστην, ἔστηκα *stand* (intrans.)
στρατηγός *head officer*
στρατιώτης *soldier*
στρέφω *turn*

στύλος *pillar*

σύ,σοῦ *you*

συγκάθημαι *be seated with*

συγχαίρω *rejoice with, rejoice in, congratulate*

συζητέω *discuss, argue*

συκῆ *fig tree*

σῦκον *fig*

συνλαλέω *talk to*

συλλαμβάνω *arrest*

σύν(τινι) *with*

συνάγω(used intransitively in middle.) *assemble*

συναγωγή *synagog*

συναθροίζω *gather*

συνανάκειμαι *recline with at table*

συναποθνήσκω *die along with*

συνέρχομαι *meet, join*

σύνεσις,εως *understanding*

συνθλίβω, συνέθλιψα *crowd against*

συνοχή *prison*

συντρίβω *break, crush*

σύσσημον *a prearranged signal*

συσσταυρόω, συνεσταύρωσα *crucify with*

σχίζω *split, tear*

σφόδρα *very*

σχίσμα *tear, split*

σώζω,ἔσωσα *heal, save*

σῶμα *(human)body*

σωματικός,ή,όν *bodily*

σωτήρ,-ῆρος *saviour*

σωτηρία *salvation, safety*

σωφρονέω *be sane*

T

τάδε, neut. pl. of ὅδε

ταχύ *quickly, right away*

τὲ and, τὲ...καὶ both...and

τέθνηκα, see ἀποθνήσκω

τέκνον *child*

τέκτων,-ονος *carpenter*

τελειόνω *perfect*

τέλειος,α,ον *perfect*

τέλος, τὸ, *end*

τελώνης *revenue officer*

τελώνιον *revenue office*

τέρας,-ατος, τὸ, *portent*

τέρμα *extremity*

τεσσαράκοντα *forty*

τέσσαρες,α *four*

τέταρτος,η,ον *fourth*

τετρακισχίλιοι, αι, α *four thousand*

τετράς,άδος *Wednesday*

τέχνη *trade*

τεχνίτης *craftsman*

τίθημι,θήσω,ἔθηκα *put*

τιμάω *honor*

τίμιος, ᾱ,ον costly, valuable

τίς, τί, gen. τινός, who, what? τί why?

τὶς,τὶ, gen. τινός, someone, a certain one, something

τίτλος inscription, title

τοιοῦτος, τοιαύτη, τοιοῦτο such, such a

τόπος place

τότε at that time

τράπεζα table

τρεῖς,τρία three

τρέφω, ἔθρεψα feed, support, bring up

τριάκοντα thirty

τριακόσιοι,αι,α three hundred

τρίβος, ἡ, path

τρίς thrice

τρίτος,η,ον third

τρίχας, see θρίξ

τρόπος disposition, manners

τροφή food

τρώγω,ἔφαγον eat

τύπτω strike

τυφλός,ή,όν blind

Υ

ὑγιής,-ές healthy, sensible

ὕδωρ,ὕδατος, τό, water

υἱός son

ὑμέτερος,α,ον your (when possessor is plural)

ὑπάγω go

ὑπακοή obedience, answer

ὑπακούω(τινί) obey

ὑπαντάω(τινί) meet

ὑπάρχω be

ὑπέρ, see App. iv, § 46.

ὑπερβλέπω despise

ὑπηρέτης servant, attendant

ὑπό, see table, Lesson, x.

ὑπογραμμός example

ὑπόδειγμα model, example

ὑποδέομαι put on (sandals)

ὑπόδημα sandal, shoe

ὑποκριτής hypocrite

ὑπομονή patience

ὑποφέρω suffer

ὑστερέω lack, be late

ὑψηλός,ή,όν high

Φ

φαίνομαι appear

φέρω,ἤνεγκα carry, bear

φεύγω, ἔφυγον get away, escape

φημί,ἔφη say

φθόνος jealousy

φιλέω love, kiss

φιλία friendship

φοβέομαι *be afraid*
φόβος *fear*
φονεύω *murder*
φόνος *murder*
φορέω *wear*
φραγελλόω *lash, scourge*
φράσσω *silence, close*
φρεναπατάω *deceive*
φρονέω *think*
φυγαδεύω *exile*
φυλακή *prison, guard, watch*
φύλλον *leaf*
φωνέω *shout, crow, call*
φωνή *voice, sound*
φῶς,φωτός, τὸ, *light, fire*

X

χαίρω *be glad*
χαλκός *copper, bronze*
χαρά *joy*
χαρίζομαι *give graciously*
χάρις, -ιτος *grace, favor, gratitude, on account of*
χάρισμα *gift*
χαριτόω *endow with divine favor*
χείρ,χειρός, ἡ, *hand*
χειροτονέω *appoint, ordain*
χήρα *widow*
χιλίαρχος *tribune, colonel*
χιτών,-ῶνος *undergarment*

χοῖρος *pig*
χρεία *need*
χριστέμπορος *a Christian only to get a living, a 'rice' Christian*
χριστιανός *Christian*
χριστός,ή,όν *anointed*
χρόνος *time*
χρυσός *gold*
χώρα *country*
χωρέω *have room, be room*
χωρίζω *separate*
χωρίς (τινος) *without*

Ψ

ψευδομαρτυρέω *give false testimony*
ψευδοπροφήτης *false prophet*
ψυχή *soul, life, self*
ψυχρός,ά,όν *cold*

Ω

ὧδε *here*
ὥρα *hour, time*
ὡς *as, about, how*
ὡσαννά, Heb., *hosanna!*
ὡσαύτως *in the same way save us!*
ὥσπερ *just as*
ὥστε *so that*
ὠφελέω *help*
ὤφθην, aor. pass. of ὁράω

ENGLISH-GREEK VOCABULARY

able, be δύναμαι
abomination βδέλυγμα
about περί(App. iv, § 46)
all πᾶς,πᾶσα,πᾶν
and καί
angel ἄγγελος
anoint ἀλείφω
apostle ἀπόστολος
ask ἐρωτάω
assemble συνάγω

baptist βαπτιστής
baptize βαπτίζω
bad κακός,ή,όν
be εἰμί
before πρίν
beg παρακαλέω
begin ἄρχομαι
belt ζώνη
betray παραδίδωμι
better, comp. of good
big μέγας, μεγάλη, μέγα
bird πετεινόν
blaspheme βλασφημέω
boat πλοῖον
book βιβλίον
bow down before προσκυνέω
bread ἄρτος

brother ἀδελφός
buy ἀγοράζω

carriage ῥέδη
carry φέρω
chain ἅλυσις
child παιδίον
city πόλις
clothe ἐνδιδύσκω(τινά τι)
clothes ἱμάτια
come ἔρχομαι
command παραγγέλλω
confess ἐξομολογέω
costly τίμιος,ᾱ,ον
courtyard αὐλή
cross σταυρός
crowd ὄχλος
crucify σταυρόω
crush συντρίβω

daughter θυγάτηρ
day ἡμέρα
debt ὀφείλημα
desert ἔρημος, ἡ
desolation ἐρήμωσις
destroy καταλύω
devour κατεσθίω
disciple μαθητής
dismiss ἀπολύω
disturb greatly διαταράσσω

disturbance θόρυβος
divide διαμερίζω

eat ἐσθίω
emperor καῖσαρ
escape φεύγω
every πᾶς,πᾶσα,πᾶν

fall πίπτω, ἔπεσον
father πατήρ, πατρός
fetter πέδη
fill γεμίζω
first πρῶτος
fish ἰχθύς,ύος
fisherman ἁλιεύς
for ὑπέρ(App. iv, § 46)
forgive ἀφίημι
foul ἀκάθαρτος,ον
four τέσσαρες,ά
fragment κλάσμα
from ἀπό, παρά
from all sides πάντοθεν
fruit καρπός

generation γενεά
get away φεύγω
give δίδωμι(δίδω)
give thanks εὐχαριστέω
go out ἐξέρχομαι
go up ἀναβαίνω, ἀνέβην
God θεός
good καλός,ή,όν

grasshopper ἀκρίς,ίδος
Greek, noun, Ἕλλην,ηνος;
  adj., Ἑλληνικός, ή, όν;
  in Greek Ἑλληνιστί

happen γίνομαι, ἐγενόμην,
  γέγονα
have ἔχω
he, she, it αὐτός,ή,ό
hear ἀκούω
heathen ἔθνος, τό
Hebrew Ἑβραῖος, ᾱ, όν;
  in Hebrew Ἑβραϊστί
herd ἀγέλη
holy ἅγιος,ᾱ,ον
honey μέλι, τό
horse ἵππος
house οἶκος, οἰκία

I ἐγώ
in ἐν
incense θυμίαμα
inherit κληρονομέω
into εἰς
is, see *be*.

joy χαρά

kill ἀποκτείνω
kingdom βασιλεία

make fun of ἐμπαίζω(τινί)
man ἄνθρωπος

many, pl. of *much*.

market ἀγορά

mat κράβαττον

meet ὑπαντάω(τινί)

merchant ἔμπορος

mine ἐμός,ή,όν

miracle δύναμις,εως

mother-in-law πενθερά

mountain ὄρος, τό

much, pl. *many* πολύς, πολλή, πολύ

name ὄνομα, ὀνομάζω

near περί(App. iv, § 46)

new νέος,α,ον

not know, be ignorant ἀγνοέω

oil ἔλαιον

on ἐπί(App. iv, § 47)

one εἷς,μία,ἕν

order διαστέλλω,διέστειλα

out of ἐκ

own, one's own ἴδιος,ᾱ,ον

paralytic παραλυτικός

pass away παρέρχομαι

pearl μαργαρίτης

perform ποιέω

perfume μύρον

pick up αἴρω, ἦρα

prearranged signal σύσσημον

prepare παρασκευάζω

priest ἱερεύς

prisoner δέσμιος

prophet προφήτης

pupil μαθητής

pure καθαρός,ά,όν

rag ῥάκος ,τό

raise ἐγείρω, ἤγειρα

read ἀναγινώσκω

recognize ἀναγνωρίζω

red cloak πορφύρα

remember μνημονεύω

ridicule καταγελάω

river ποταμός

road ὁδός, ἡ

salutation ἀσπασμός

sandal ὑπόδημα, σανδάλιον

save σώζω,ἔσωσα

say λέγω

scripture γραφή

sea θάλασσα

second δεύτερος,ᾱ,ον

see βλέπω

sell πιπράσκω

send στέλλω,ἔστειλα

she αὐτή

show δείκνυμι

sin ἁμαρτάνω
sinner ἁμαρτωλός
skull κρανίον
sleep καθεύδω
soldier στρατιώτης
son υἱός
speak λέγω,εἶπον
spirit πνεῦμα
stand ἵστημι,ἔστησα(tr.),
  ἔστην(intr.)
stand by παρίστημι
stand up ἀνίστημι
stay awake γρηγορέω
surprised, be θαυμάζω
synagog συναγωγή

taste γεύομαι
tax collector τελώνης
teach διδάσκω
temple ἱερόν
temporary πρόσκαιρος,ον
tempt πειράζω
tent σκηνή
that ἐκεῖνος,η,ο
the ὁ,ἡ,τό
thing, commonly express-
  ed with the neuter of
  the article, esp. in the
  plural.
third τρίτος,η,ον
this οὗτος,αὕτη,τοῦτο

thoroly frightened ἔκφο-
  βος,ον
three τρεῖς,τρία
thru διά(App. iv, § 46)
to εἰς, πρός
truth ἀλήθεια
twelve δώδεκα
two δύο

untie λύω
upright δίκαιος,ᾱ,ον

village κώμη
vinyard ἀμπελών,ῶνος

walk περιπατέω
warn ἐπιτιμάω
we ἡμεῖς
well-mannered εὐγενής,ές
when ὅτε, ὅταν, πότε
whether εἰ
who τίς
with μετά(App.iv, § 46)
woman γυνή,γυναικός
worse, comp. of *bad*
wreath στέφανος
write γράφω

you σύ
your σός,ή,όν; ὑμέτερος,
  ᾱ,ον

INDEX

Numbers indicate pages, except references to Appendices II and IV. The latter is indicated by §.